中等职业教育“十二五”规划教材
中职中专技能素质课程创新教材

办公自动化项目教程

（Office 2007版）

郭洪辉　彭太瑞　主　编
刘招玲　万　兴　副主编

科学出版社
北　京

内 容 简 介

本书紧紧围绕日常办公需要的核心能力来设计教学任务和实操案例，包括Word 2007综合应用、Excel 2007综合应用、批量制作Word文档、Powerpoint 2007综合应用及常用办公设备。本书采取任务驱动的方式讲解软件的使用功能；并在每个项目后给出实训题目，帮助读者掌握软件的操作方法，提高解决实际问题的能力。

本书可作为中等职业学校经济管理类的公共基础课教材，Office 办公软件的初学者也可以阅读。

图书在版编目（CIP）数据

办公自动化项目教程（Office 2007 版）/ 郭洪辉，彭太瑞主编．—北京：科学出版社，2012.8

（中等职业教育“十二五”规划教材・中职中专技能素质课程创新教材）

ISBN 978-7-03-035369-6

Ⅰ．①办　Ⅱ．①郭　②彭　Ⅲ．①办公自动化－中等专业学校－教材　Ⅳ．① TP-6203.0101

中国版本图书馆 CIP 数据核字（2012）第 193369 号

责任编辑：毕光跃 / 责任校对：彭立军

责任印制：吕春珉 / 封面设计：艺和天下

版面设计：金舵手

科学出版社 出版

北京东黄城根北街16号

邮政编码：100717

http:// www.sciencep. com

三河市骏杰印刷有限公司印刷

科学出版社发行　各地新华书店经销

*

2012年8月第 一 版　开本：787 × 1092 1/16

2020年1月第八次印刷　印张：7 3/4

字数：183 000

定价：20.00元

（如有印装质量问题，我社负责调换〈骏杰〉）

销售部电话 010-62140850　编辑部电话 010-62135157-8802

前　言

当前，职业教育改革正如火如荼地进行，创新教材是教育改革的重要组成部分。本书充分考虑了中职学生的特点和当前课程改革的要求，按照“以工作任务为中心，组织教学内容，并以完成工作任务为主要学习方式和最终目标”的原则编写而成的。

很多人一提到 Office 软件就会觉得非常简单，认为就是打打字，做个表格，很简单，没什么。其实，录入文字、制作表格只是 Office 众多功能中的一个小小用途，它还有其他更强大的功能可以帮助人们提高工作效率，如 Word 能制作漂亮的版式，Excel 有功能强大的数据运算和数据处理功能，PowerPoint 可以制作绚丽的幻灯片等。

本书结构清晰、层次分明，突出应用。作者充分考虑了中职学生的学习特点，按照任务驱动的教学思路编写本书。书中任务案例均选自作者多年积累的教学素材和文员岗位日常办公案例，具有很强的典型性和实用性，在阐述任务完成过程中贯穿了相关知识点的学习与训练，使学生更好地掌握计算机办公软件和常用办公设备的应用能力，提高文员上岗就业能力。本书适用于中等职业学校二、三年级学生使用。

本书主要内容由 5 个项目组成。前 4 个项目中，以任务驱动的形式讲解了 Microsolf Office 2007 常用功能；第 5 个项目，以任务实施的形式，让学生实际操作常用外设办公设备。另外，以附录的形式，提供了录入训练文稿，供学生练习打字使用。

本书由郭洪辉、彭太瑞任主编，刘招玲、万兴任副主编（所需本书素材请联系 gour @21cn.com）。

本书的编写得到了郭洪辉、谢冬梅、吴锋等领导的大力支持；参阅了部分相关书籍，广泛听取了行业、企业、一线教师的意见，汲取了同类、同层次教材的长处，在此一并表示感谢。

由于时间仓促，作者水平有限，疏漏或不足在所难免，敬请广大读者批评指正。

郭洪辉

2012 年 6 月 3 日

目　录

项目1 Word 2007综合应用

■ 项目引入

Word 2007是Microsoft Office 2007办公软件系列的核心组件之一，是一个通用的图、文、表处理应用软件，可以用于制作各种文档，如信函、书刊、公文、推荐表等。Word 2007具有Windows操作系统友好的图形界面，集文字编辑、排版、图片、表格等为一体。其功能强大、操作简单，是最受欢迎的专业文档处理软件之一。为了使学生更好地理解、掌握和运用Word 2007软件，掌握其中必要的知识和技能，本项目要求每一位学生认真完成以下系列工作任务。

■ 项目目标

1. 熟练操作Word 2007文字处理软件。
2. 掌握图、文、表综合运用的操作方法。
3. 综合运用所学知识，提高文员工作效率。
4. 具有一定的职业意识和职业道德。

■ 项目分解

本项目可分解为11个学习任务，每个学习任务的名称和课时安排如表1-1所示。

表1-1 项目分解

项目分解	学习任务名称	课时安排
任务1.1	公式制作	2
任务1.2	表格制作	2
任务1.3	员工录用流程图制作	4
任务1.4	推荐表制作	4
任务1.5	发票制作	4
任务1.6	商务洽谈会制作	4
任务1.7	茶园形象宣传册制作	4
任务1.8	批量制作班级标签	2
任务1.9	班级封面制作	4
任务1.10	不同页眉和页脚制作	2
任务1.11	自动生成目录制作	2

任务 1.1　公式制作

任务描述

在科学论文或理工类文档中可能经常需要输入大量的公式，如上下标、分式、函数等，如果公式中含有一些特殊符号，如积分、根式符号等，使用一般的字符和字符格式设置就很难实现了。利用 Word 2007 提供的公式就可以很方便地实现文档中各类复杂公式的编排。本任务要求完成图 1-1 所示公式制作。

1）$$\int_{\frac{2}{\sqrt{3}}}^{\sqrt{2}}\frac{1}{x\times\sqrt{x^2-1}}dx=\int_{\frac{\pi}{6}}^{\frac{\pi}{4}}\frac{\operatorname{sect}\operatorname{tant}}{\operatorname{sect}\operatorname{tant}}dt$$

2）$$f'(x_0)=\lim_{\Delta x\to 0}\frac{\Delta y}{\Delta x}=\lim_{\Delta x\to 0}\frac{f(x_0+\Delta x)-f(x_0)}{\Delta x}$$

3）$$y^3=\begin{cases}x+1, & 1<x<2\\ \frac{1}{2} & x=1\\ x-1, & 0<x<1\end{cases}$$

4）$$\iint_D f(x,y)\mathrm{d}\sigma=\iint_{[a,b]\times[c,d]} F(x,y)\,\mathrm{d}\sigma=\int_a^b\mathrm{d}x\int_c^b F(x,y)\,\mathrm{d}y$$

$$=\int_a^b\mathrm{d}x\int_{y_1(x)}^{y_1(x)}F(x,y)\,\mathrm{d}y=\int_a^b\mathrm{d}x\int_{y_1(x)}^{y_1(x)} f(x,y)\,\mathrm{d}y$$

图 1-1　公式示例

任务目标

1．掌握数学公式制作方法。

2．掌握 Word 2007 常用功能操作。

1.1.1　任务操作

下面以第一个公式为例介绍具体操作步骤。

步骤 1　新建一个 Word 2007 空白文档，单击“插入”选项卡下的“公式”按钮，打开“公式工具”→“设计”选项卡，如图 1-2 所示。

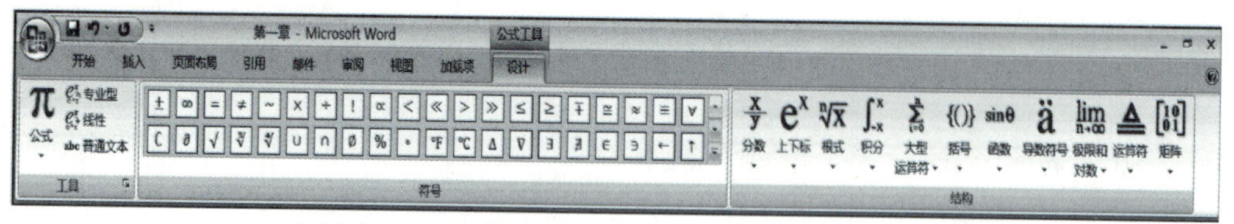

图 1-2　“插入”→“公式”→“公式工具”→“设计”选项卡

步骤 2　在文档中插入积分样式列表中第二个积分符号，如图 1-3 所示。

步骤 3　选中积分公式上限方框，单击“根式”按钮，展开根式样式列表，选择第一个根式样式，如图 1-4 所示，然后选中根号里的方框，输入“2”，效果如图 1-5 所示。

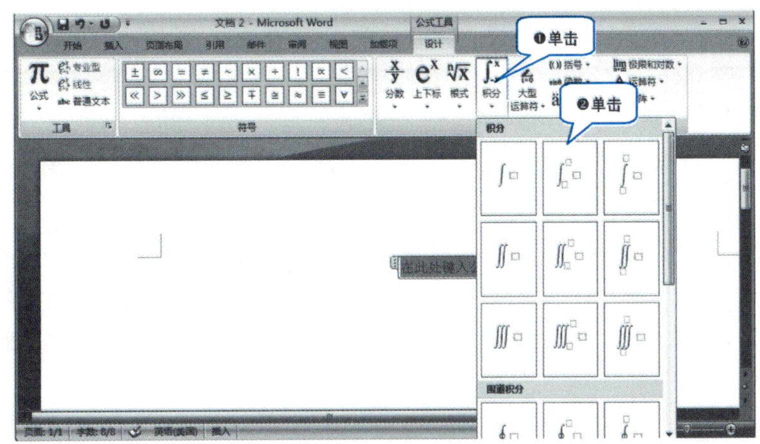

图 1-3　插入积分符号

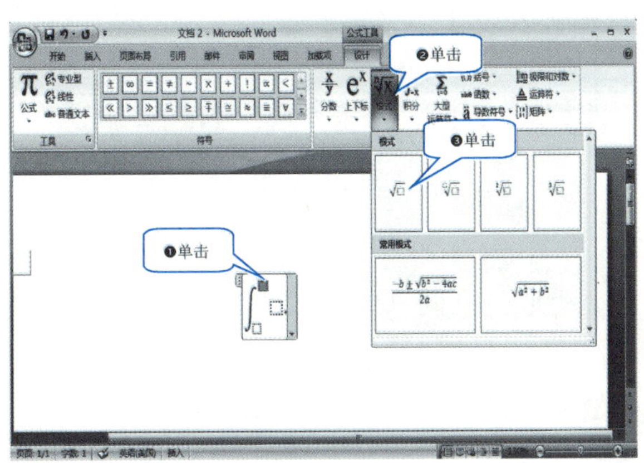

图 1-4　插入根式

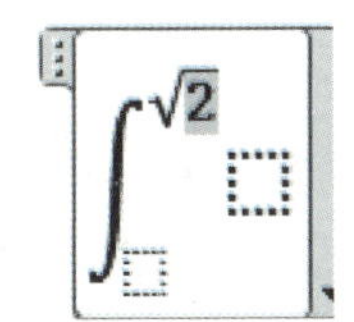

图 1-5　插入根式效果

步骤 4　选中积分公式下限方框，单击“分数”按钮，展开分数样式列表，选择第一个分式样式，如图 1-6 所示，然后在分式的分子方框中输入“2”，在分母方框中输入“$\sqrt{3}$”，如图 1-7 所示。

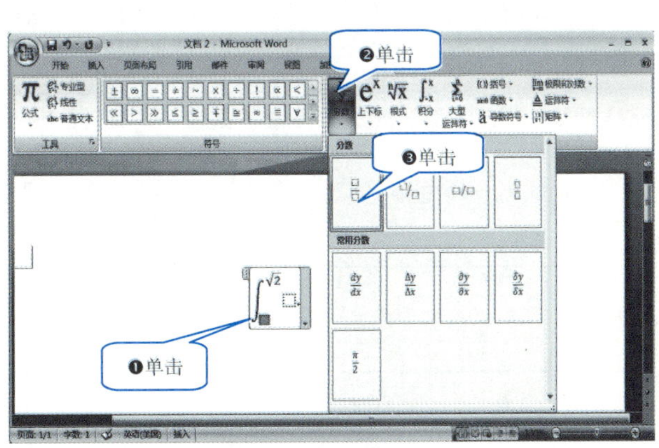

图 1-6　插入分数

步骤 5　同理输入 $\frac{1}{x\times\sqrt{x^2-1}}$ 分式，如图 1-8 所示。其中上标的输入步骤如下。选中根号里的方框，单击“上下标”按钮，展开上下标样式列表，选择第一个上下标样式，然后输入 x^2，如图 1-9 所示。

步骤 6　同理输入 $\int_{\frac{\pi}{6}}^{\frac{\pi}{4}}\frac{\sec t\tan t}{\mathrm{senc}\,t\tan t}\mathrm{d}t$，整个公式的效果如下。

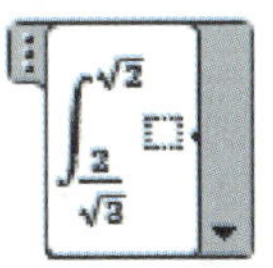

图 1-7　插入分数效果

$$\int_{\frac{2}{\sqrt{3}}}^{\sqrt{2}} \frac{1}{x \times \sqrt{x^2 - 1}} \mathrm{d}x = \int_{\frac{\pi}{6}}^{\frac{\pi}{4}} \frac{\sec t \tan t}{\sec t \tan t} \mathrm{d}t$$

提示：数字用键盘输入；× 号和 π 号在“符号”选项的“基础数学”列表中单击“输入”；x，d，t 在“符号”选项组的“手写体”列表中单击“输入”；sec 和 tan 通过单击“函数”按钮，在其样式列表中单击“输入”。

步骤 7　按照同样方法完成其他公式。

步骤 8　完成任务操作，保存文件。

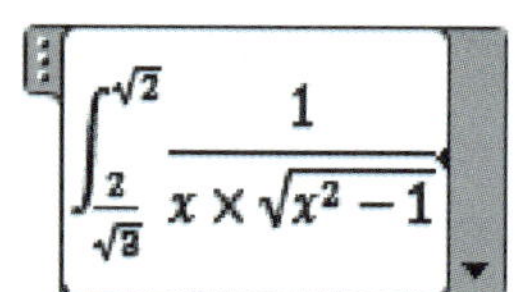

图 1-8　插入分式效果

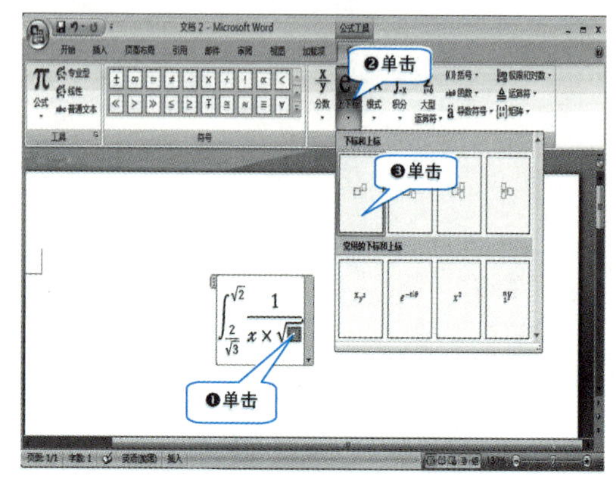

图 1-9　插入上下标

1.1.2　能力评价

根据个人任务完成的情况，实行个人自评，小组成员之间互评和教师评价，评价分优、良、中、差四个等级，请教师给出提升建议和综合评价（见表 1-2）。

表 1-2　能力评价

内容			评价		
评价项目		评价内容	自评	小组间	教师
知识掌握	应知应会	熟知公式插入的步骤与方法			
专业能力	工作质量	公式输入的正确率			
	工作速度	在规定时间内完成工作			
工作与学习态度		课堂中能专心听讲			
		操作过程中认真、完全投入，不懂及时请教他人			
		与同学们协作，具有团队精神			
提升建议：			综合评价：		

任务 1.2　表格制作

任务描述

表格是日常办公文档常用的形式，简洁明了，是说明问题的表达形式之一。例如，制作通讯录、课程表、报名表、请假审批表等就使用表格，这样比较方便、美观。使用 Word 2007 可以制作出满足各种要求的复杂表格。本任务要求完成图 1-10 所示表格。

教学计划表

专业：　　　　学制：三年　　　　　　对象：　　　　　　实施年级：　　　　　　制订时间：

序号		课程名称		考核		学分	理论教学（学时）			理论教学周学时（按学期分配）					
										一		二		三	
										1	2	3	4	5	6
				考试	考查		总计	讲课	实验	周	周	周	周	周	周
必修课%	1	公共课	德育							2	2	2	2	2	
	2		体育							2	2	2	2		
	3		语文							6	6	2	2		
	4		数学							4	4	4	4		
	5		英语								4	4			
	6		计算机应用							6					
	7		物理												2
	8		音乐												
			小计：　%												
		专业课													
限选课%															
			小计：　%												
		实践课													
任选课%															
			小计：　%												
		选修课													
			小计：　%												
每学期考试门数															
每学期课程门数															
周学时数															
总学时数															

图 1-10　教学计划表示例

■ **任务目标**

1．掌握 Word 2007 表格的创建及编辑方法。

2．熟练对 Word 2007 表格进行格式化。

相关知识

1．选定整个表格：单击表格内任一处后，表格左上角出现一个内有花十字形的小方框，此时单击它就可选定整个表格。

2．用鼠标调整表格的列宽和行高：当鼠标指针移到表格竖线上时，会变成带左右双向箭头双竖线，这时水平拖动鼠标，将改变该竖线前后两列的宽度；当鼠标指针移到表格横线上时，会变成带上下双向箭头的双线，这时垂直拖动鼠标，将改变该横线上边一行的高度。

1.2.1 任务操作

步骤 1 自定义页面边距。选择“页面布局”选项卡，单击“页面设置”对话框启动器，在弹出的“页面设置”对话框中设置页边距的值为“上 2 厘米”、“下 2.4 厘米”、“左 2 厘米”、“右 2 厘米”，如图 1-11 所示。

步骤 2 添加标题文本，并在“开始”选项卡中设置字体为“宋体”、字号为“三号”、“加粗”，如图 1-12 所示。

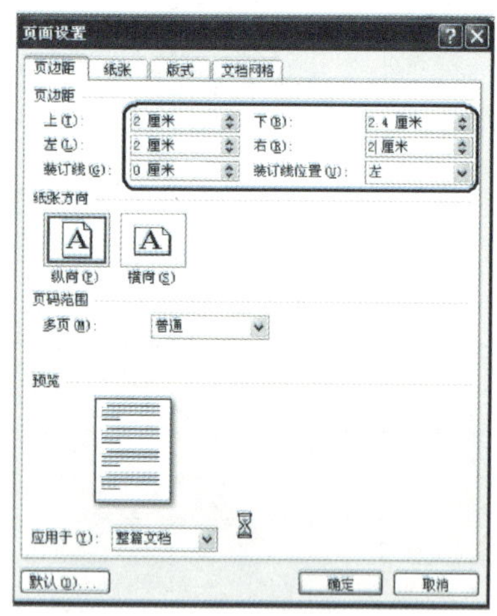

图 1-11 “页面设置”对话框

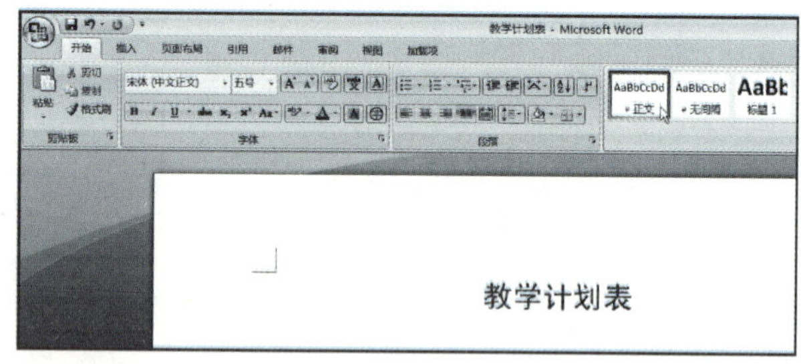

图 1-12 添加标题文本

步骤 3 继续输入文字“专业”，然后按“Enter”键将光标推到适当位置，输入其他文字，并设置字体为“宋体”、字号为“五号”，如图 1-13 所示。

步骤 4 快速绘制表格。选择“插入”选项卡，单击“表格”按钮，在其下拉菜单中选择“插入表格”命令，在弹出的“插入表格”对话框中设置列数为“16”，行数为“42”，如图 1-14 所示。

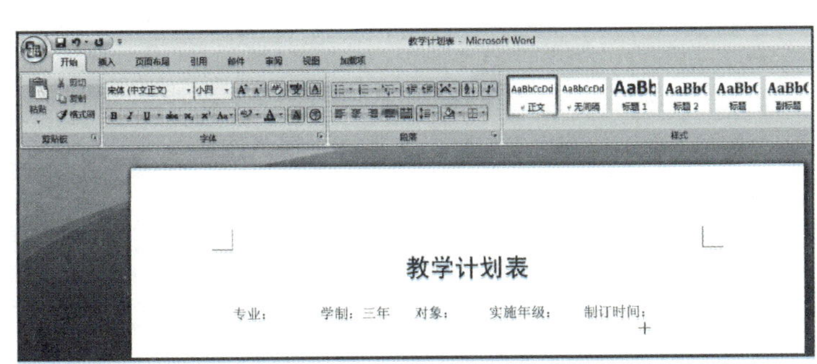

图 1-13　继续输入文字

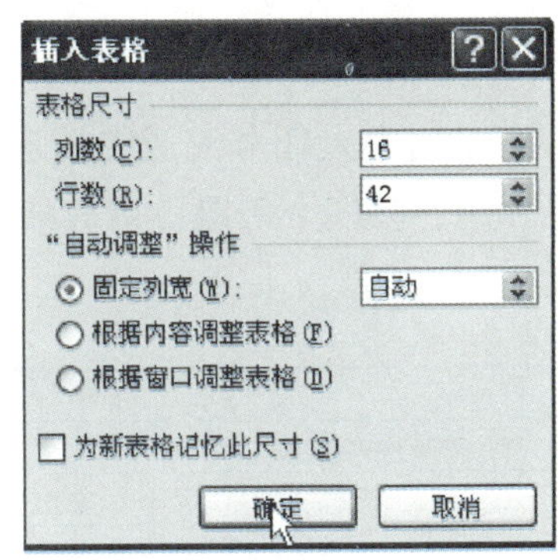

图 1-14　“插入表格”对话框

步骤 5　合并单元格。选定要合并的单元格，然后选择“表格工具”→“布局”选项卡，在“合并”选项组中单击“合并单元格”按钮即可，如图 1-15 所示。

步骤 6　拆分单元格。选定要拆分的单元格，然后选择“表格工具”→“布局”选项卡，在“合并”选项组中单击“拆分单元格”按钮，如图 1-16 所示，在弹出的“拆分单元格”对话框中设置拆分的列数和行数，如图 1-17 所示。

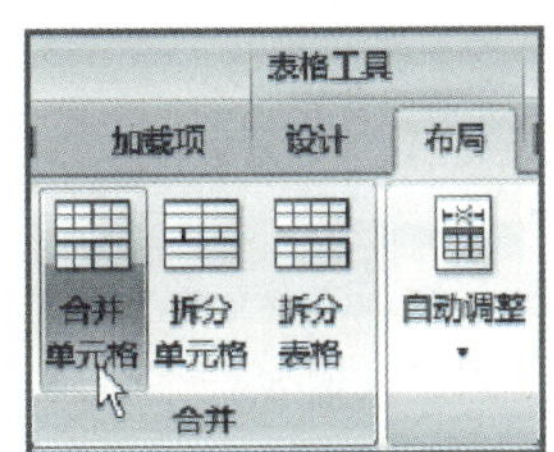

图 1-15　合并单元格

表格工具
加载项　设计　布局
合并单元格　拆分单元格　拆分表格　自动调整
合并

图 1-16　拆分单元格

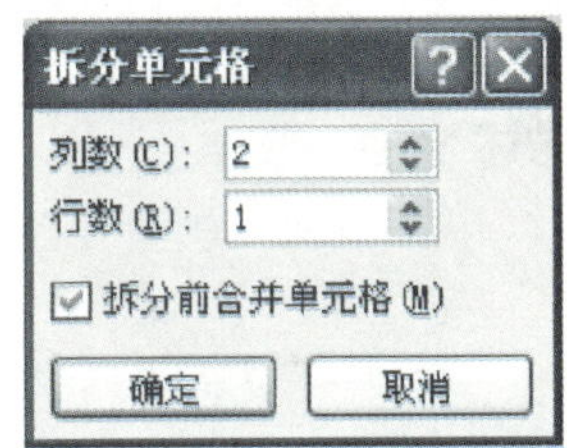

图 1-17　“拆分单元格”对话框

步骤 7　输入表格中所有文字。

步骤 8　单元格对齐方式。所有单元格对齐方式为水平和垂直都居中。

步骤 9　字体、字号设置。表格中所有字体均为宋体、五号字。

步骤 10　设置行距。如果一页纸放不下整张表格，可以设置行距来调整。首先要选中整个表格，然后选择“开始”选项卡，单击“段落”对话框启动器，弹出“段落”对话框，在“间距”选项区域设置“行距”为“固定值”，“设置值”为“14 磅”，如图 1-18 所示。

步骤 11　完成任务操作，保存文件。

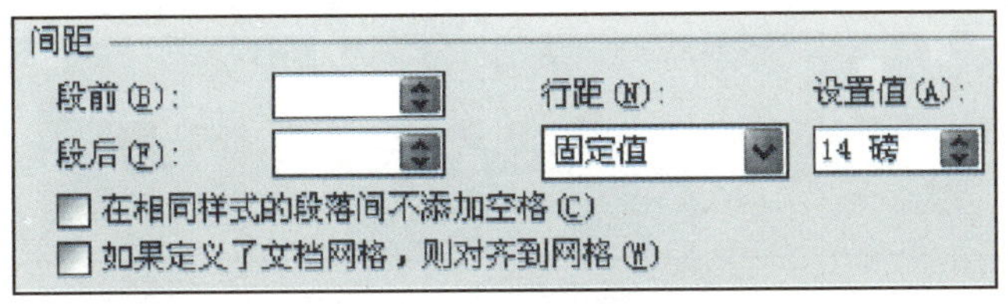

图 1-18　设置行距

1.2.2 能力评价

根据个人任务完成的情况，实行个人自评，小组成员之间互评和教师评价，评价分优、良、中、差四个等级，请教师给出提升建议和综合评价（见表1-3）。

表1-3 能力评价

<table>
<tr><th colspan="3">内 容</th><th colspan="3">评 价</th></tr>
<tr><th colspan="2">评价项目</th><th>评价内容</th><th>自 评</th><th>小 组 间</th><th>教 师</th></tr>
<tr><td rowspan="2">知识掌握</td><td rowspan="2">应知应会</td><td>掌握表格制作的步骤与方法</td><td></td><td></td><td></td></tr>
<tr><td>掌握如何选定表格</td><td></td><td></td><td></td></tr>
<tr><td rowspan="4">专业能力</td><td rowspan="3">工作质量</td><td>1. 能正确创建表格，并将教学计划表内容录入表中</td><td></td><td></td><td></td></tr>
<tr><td>2. 能正确对表格进行格式化，并美化表格</td><td></td><td></td><td></td></tr>
<tr><td>3. 能正确对表格进行行、列编辑</td><td></td><td></td><td></td></tr>
<tr><td>工作速度</td><td>在规定时间内完成本项任务</td><td></td><td></td><td></td></tr>
<tr><td colspan="2">工作与学习态度</td><td>能积极投入到任务工作中，认真完成本项任务</td><td></td><td></td><td></td></tr>
<tr><td colspan="3">提升建议：</td><td colspan="3">综合评价：</td></tr>
</table>

任务1.3 员工录用流程图制作

■ 任务描述

在日常的很多实际任务中可能需要表达某个工作的过程或流程，有些工作的过程比较复杂，如果仅仅用文字表达很难描述清楚。在这种情况下，最好的方式就是绘制工作流程图。例如，一个工厂的生产流程，一个公司的运营模式，企业员工录用流程等都只需要用一张流程图就可以简单概括出来，所以制作流程图是办公人员必备的知识之一。本任务要求完成图1-19所示员工录用流程图。

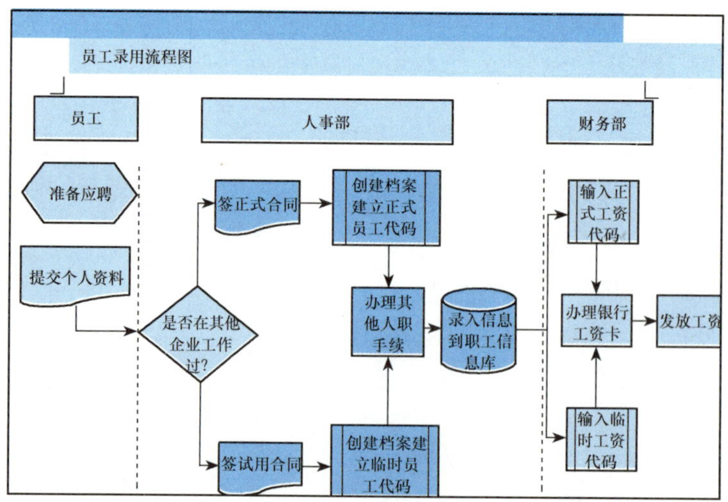

图1-19 员工录用流程图示例

任务目标

1. 掌握建立流程图的方法。
2. 熟练设置流程图的大小、形状样式、颜色、环绕方式等格式。
3. 具有一定的编辑、美化流程图的能力。

相关知识

流程图符号，如表 1-4 所示。

表 1-4 流程图符号

符号	名称	意义
	准备（Start）	流程图开始
	处理程序/进程（Process）	处理程序
	决策/判定（Decision）	不同方案选择
	终止（END）	流程图终止
	路径（Path）	指示路径方向
	文档（Document）	输入或输出文件
	预先定义进（Predefined Process）	使用某一已定义之处理程序
	页面内引用/功能接口（Connector）	流程图向另一流程图之出口，或从另一地方之入口
	注释（Comment）	表示附注说明之用
	手动操作	例如： UI等需要操作的部分
	手动输入	例如： 输入账号密码等
	调用数据	调用数据
	显示内容	需要显示的内容
	存储数据	存储数据
	功能区域集成	多个功能集成一个整体

Word 2007 提供了 3 种用于动态连接的连接符。

1）肘形连接符：可动态连接两个流程图形状，连接符两端没有箭头。

2）肘形箭头连接符：可动态连接两个流程图形状，连接符一端带有箭头，可用于表示单向的工作流向。

3）肘形双箭头连接符：可动态连接两个流程图形状，连接符两端带有箭头，可用于表示双向的工作流向。

1.3.1 任务操作

步骤 1 流程图页面设置。

（1）新建一个 Word 2007 空白文档。

（2）选择“页面布局”选项卡，在“页面设置”选项组中单击“纸张大小”按钮，如图 1-20 所示，在其下拉列表中根据流程图的打印需要选择纸张大小为“A4”。

（3）选择“页面布局”选项卡，在“页面设置”选项组中单击“纸张方向”按钮，如图 1-21 所示，在其下拉列表中选择“横向”选项，将纸张方向更改为横向。

步骤 2 使用文本框添加流程图标题。

（1）选择“插入”选项卡，在“文本”选项组中单击“文本框”按钮，在其下拉列表中选择相应的文本框模板，如图 1-22 所示。

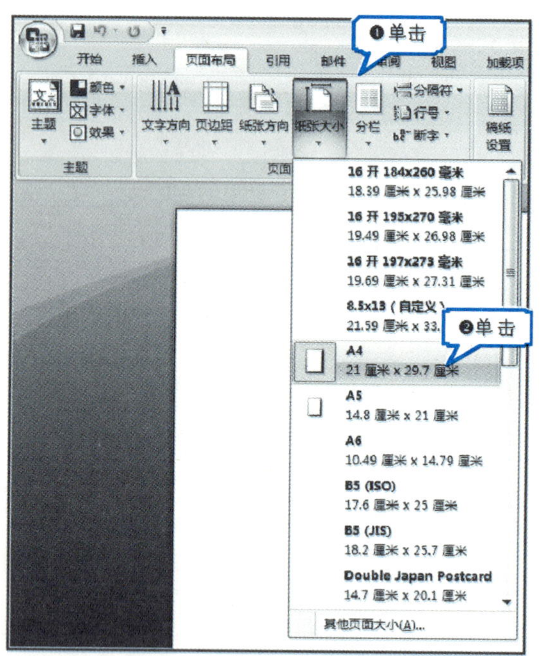

图 1-20 设置纸张大小

图 1-21 设置纸张方向

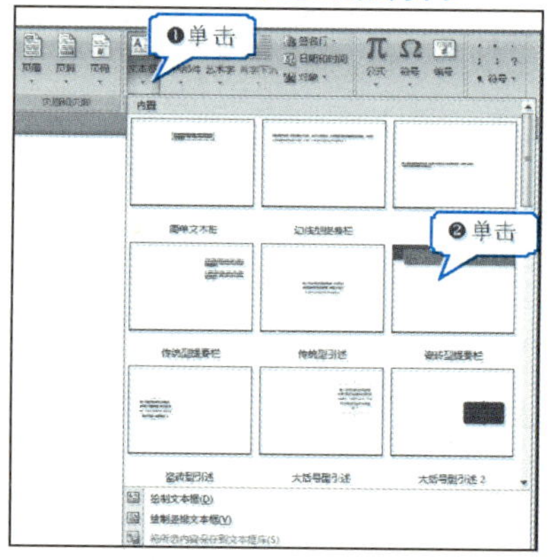

图 1-22 插入文本框

（2）在图 1-22 所示的下拉列表中选择“瓷砖型提要栏”，在页面中添加一个预定义的文本框，如图 1-23 所示。

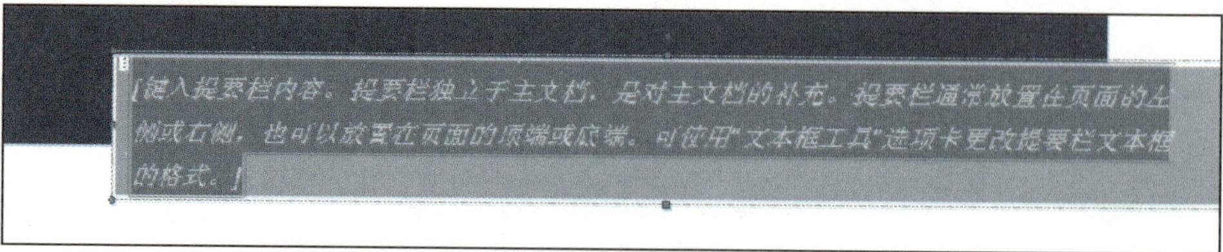

图 1-23 插入文本框的效果

(3) 根据提示，可以直接在文本框中输入指定的内容，这里输入流程图的标题为“员工录用流程图”。

(4) 根据需要对文字进行相应的修饰，设置字体为“隶书”，字号为“四号”，效果如图 1-24 所示。

图 1-24　输入流程图标题

步骤 3　插入新建绘图画布。选择“插入”选项卡，在“插图”选项组中单击“形状”按钮，在其下拉列表中选择“新建绘图画布”命令，如图 1-25 所示。

步骤 4　绘制文本框，使用横排文本框添加流程图的小标题。

(1) 选择“插入”选项卡，在“插图”选项组中单击“形状”按钮，在其下拉列表中选择“十字形”基本形状，如图 1-26 所示。

(2) 鼠标指针变为十字光标形，在页面的适当位置拖动绘制一个文本框，松开鼠标完成文本框的绘制，此时光标显示在文本框内，输入文本“员工”，如图 1-27 所示。

图 1-25　新建绘图画布

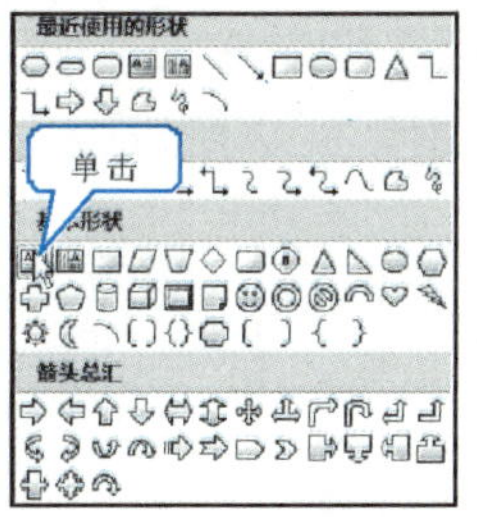

图 1-26　插入形状

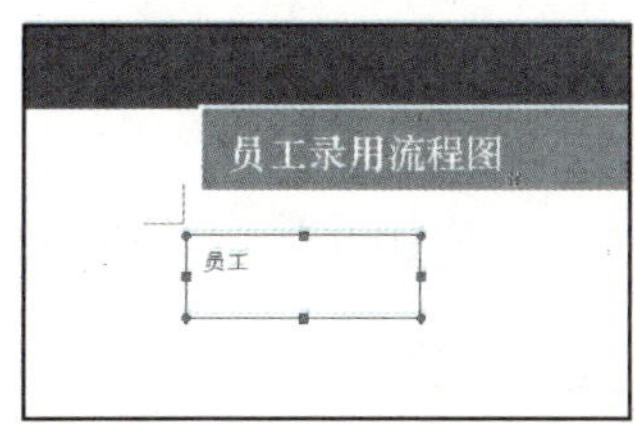

图 1-27　插入文本

步骤 5　文本框修饰。无论是预定义文本框还是绘制好的文本框，都可以根据需要重新设置其格式，达到最佳的显示效果。

(1) 选择“文本框工具”→“格式”选项卡，在“文本框样式”选项组中选择一种样式应用，如图 1-28 所示，这里选择“对角渐变—强调文字颜色 1”。

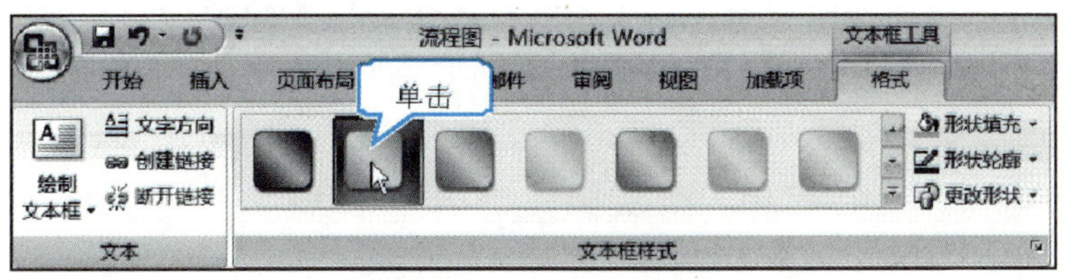

图 1-28　设置文本框样式

（2）如图 1-29 所示，文本框的外观显示效果发生改变。

（3）拖动选中文本框中的文字，更改字体为“隶书”，字号为“四号”，设置“居中对齐”，效果如图 1-30 所示。

图 1-29　文本框设置效果

图 1-30　文字设置效果

步骤 6　其他形状的流程图参照任务作品输入，如图 1-31 所示。

步骤 7　使用肘形箭头连接符，如图 1-32 所示。参照任务作品使用肘形箭头连接符连接流程图。

步骤 8　完成任务操作，保存文件。

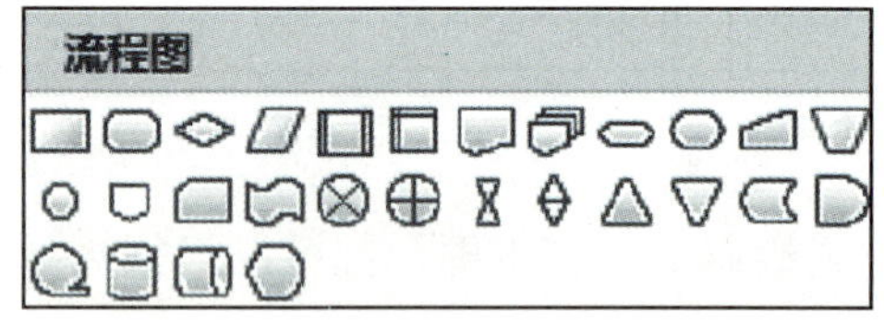

图 1-31　流程图

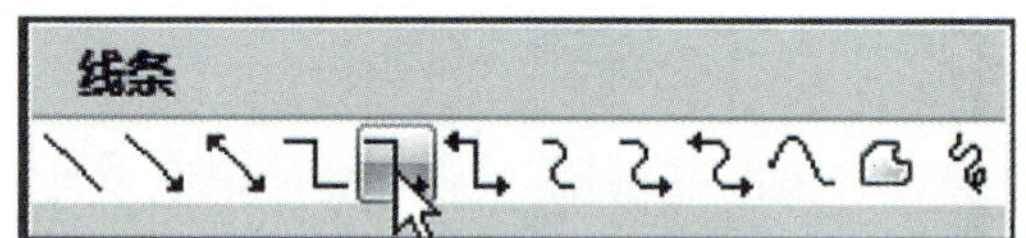

图 1-32　选择肘形箭头

1.3.2　能力评价

根据个人任务完成的情况，实行个人自评，小组成员之间互评和教师评价，评价分优、良、中、差四个等级，请教师给出提升建议和综合评价（见表 1-5）。

表 1-5　能力评价

内容			评价		
评价项目		评价内容	自　评	小 组 间	教　师
知识掌握	应知应会	掌握流程图符号的意义			
		掌握制作流程图的步骤			
专业能力	工作质量	1．流程图结构合理，外表美观			
		2．能按要求设置文本格式			
	工作速度	在规定时间内完成本项任务			
工作与学习态度		积极，认真			
		善于思考，具有创新意识			
提升建议：			综合评价：		

任务 1.4　推荐表制作

任务描述

填写就业推荐表是每位即将毕业的学生必须要做的一件事情，而制作一份美观大方的就业推荐表是每一位求职者必不可少的敲门砖。利用 Word 2007 进行校对、排版、制作复杂表格、图文混排等功能可制作出一份美观大方的推荐表。本任务要求完成如下所示推荐表的制作，共 6 页。

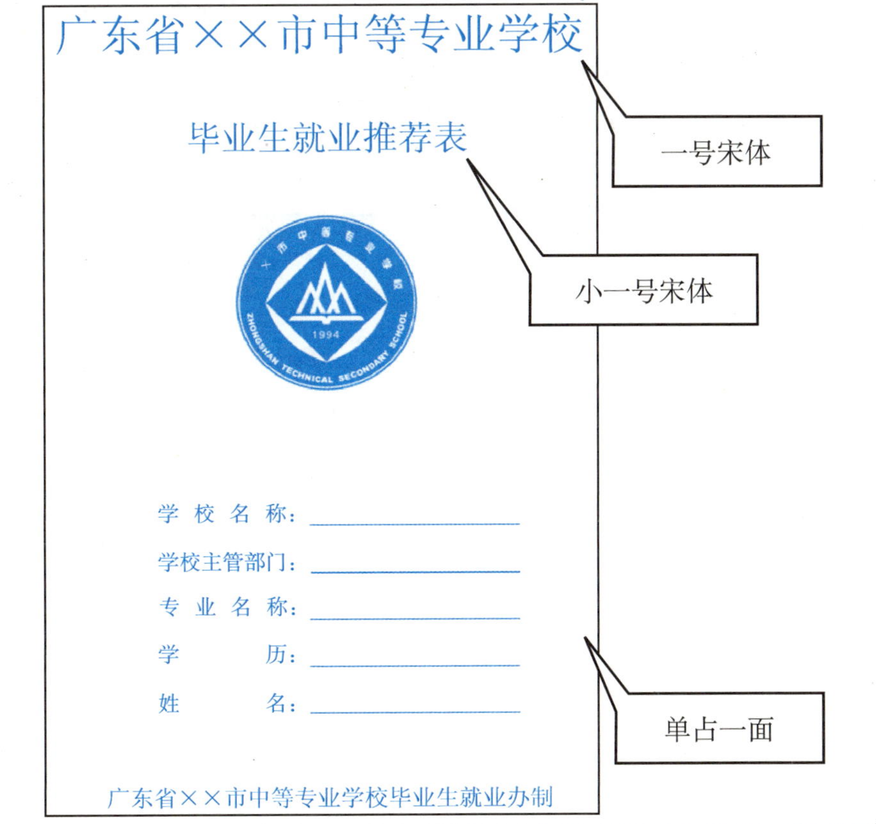

说　　明

正文三号宋体

1．此表供毕业生向用人单位推荐时使用。

2．“成绩表”栏附上由学校教务部门提供的“成绩单”，并加盖教务科公章方有效。

3．“学生科意见”栏要填写是否同意班主任意见。

4．“招生就业办意见”栏要填写是否同意推荐就业。

5．用人单位与毕业生通过供需见面，确定接收该毕业生后，必须与毕业生和学校签订“毕业生就业协议书”，办理有关手续。

单占一面

<table>
<tr><td>姓　　名</td><td></td><td>性　　别</td><td></td><td>身　　高</td><td></td><td rowspan="4">相
片</td></tr>
<tr><td>出生年月</td><td></td><td>政治面貌</td><td colspan="3"></td></tr>
<tr><td>籍　　贯</td><td></td><td>户口所在地</td><td colspan="3"></td></tr>
<tr><td>联系电话</td><td></td><td>健康状况</td><td colspan="3"></td></tr>
<tr><td>入学时间</td><td></td><td>毕业时间</td><td colspan="4"></td></tr>
<tr><td>通讯地址</td><td colspan="2"></td><td>邮　　编</td><td colspan="3"></td></tr>
<tr><td>有何特长</td><td colspan="2"></td><td>外语水平</td><td colspan="3"></td></tr>
<tr><td>在校期间参加社会工作活动情况（包括实习）</td><td colspan="6"></td></tr>
<tr><td>在校时间奖惩情况及所获技能证书</td><td colspan="6"></td></tr>
<tr><td rowspan="6">个
人
简
历</td><td colspan="2">自何时起到何时止</td><td colspan="3">在何处学习</td><td>担任职务</td></tr>
<tr><td colspan="2"></td><td colspan="3"></td><td></td></tr>
<tr><td colspan="2"></td><td colspan="3"></td><td></td></tr>
<tr><td colspan="2"></td><td colspan="3"></td><td></td></tr>
<tr><td colspan="2"></td><td colspan="3"></td><td></td></tr>
<tr><td colspan="2"></td><td colspan="3"></td><td></td></tr>
<tr><td>自
我
评
价</td><td colspan="6">签　　名：
年　　月　　日</td></tr>
<tr><td>个
人
求
职
意
愿</td><td colspan="6"></td></tr>
</table>

贴 成 绩 表 处

<table>
<tr><td>班主任推荐信</td><td colspan="2">

班主任签名：
年　　月　　日</td></tr>
<tr><td>学生科意见</td><td colspan="2">

签　　章：
年　　月　　日</td></tr>
<tr><td>招生就业办意见</td><td colspan="2">

签　　章：
年　　月　　日</td></tr>
<tr><td colspan="2">学校联系地址</td><td>××市五桂山石鼓中山职业教育园区（邮编：528458）</td></tr>
<tr><td rowspan="4">学校联系人</td><td colspan="2">联系人：林老师、何老师、杨老师</td></tr>
<tr><td colspan="2">招生就业办公室电话：0760-88331049</td></tr>
<tr><td colspan="2">招生就业办公室传真：0760-88331049</td></tr>
<tr><td colspan="2">电子邮箱：yangmanzhong@163.com</td></tr>
</table>

任务 1.5　发票制作

■ 任务描述

在会计学课程的理论教学中，常常需要原始凭证、记账凭证和发票等，学校可以购买这些材料发给学生看或练习，但这样花费较大而且可能不全面，如果按实际的凭证绘制并制成多媒体课件演示给学生看，就可以节省大量经费。在计算机上绘制这些凭证，可以通过 Word 2007 完成，使之在财会应用方面十分方便。本任务要求完成图 1-34 所示发票的制作。

发票代码　144001021134

发票号码　03217865

顾客名称

及地址：

品名规格	单　位	数　量	单　价	合计金额超过万元无效	金　额	备　注
合计 金额（大写）				（小写）		

第二联：发票联（顾客报销凭证）

开票人：　　收款人：　　业户名称（盖章）

图 1-34　发票示例

■ 任务目标

1．掌握发票表格的建立。

2．掌握文本框的建立。

3．掌握表格底纹的设置。

4．掌握印章的建立方法。

1.5.1　任务操作

步骤 1　新建一个 Word 2007 空白文档。

步骤 2　发票头。录入发票头文字，设置字体为“楷体”，字号为“20 号”，颜色为“紫色”。

步骤 3　插入右侧文本框，输入代码内容，设置代码颜色；设置文本框填充颜色为“橙色”，线条颜色为“无颜色”。

步骤 4　制作印章，如图 1-35 所示。

①选择“插入 ”选项卡，在“插图”选项组中单击“形状”按钮，在其下拉列表中选择“椭圆”基本形状，插入椭圆。单击“绘图工具”→“格式”选项卡中的“形状样式”对话框启动器，弹出“设置自选图形格式”对话框，在其设置椭圆格式：填充颜色为“无颜色”，线条颜色为“蓝色”，线型为“外粗内细”。

②选择“插入”选项卡，在“文本”选项组中单击“艺术字”按钮，在其下拉列表中选择“艺术字样式 3”，弹出“编辑艺术字文字”对话框，输入“全国统一发票监制章”文字，单击“确定”按钮，插入艺术字。

③更改艺术字文字环绕为：浮于文字上方。选中艺术字，单击鼠标右键，选择“设置艺术字格式”，填充颜色为“蓝色”，线条颜色为“蓝色”。

④调整艺术字大小。选中艺术字，把光标移到圆点进行拖拉来调整艺术字大小，直到合适大小为止。

⑤利用同样方法，制作“广东省”和“国家税务局监制”艺术字的制作。

⑥组合。把做好的三个艺术字拖到椭圆里面，并进行适当的调整位置。按住键盘“Ctrl”键，选中“椭圆”、“全国统一发票监制章”艺术字、“广东省”艺术字和“国家税务局监制”艺术字，然后单击鼠标右键，选择“组合”。完成操作。

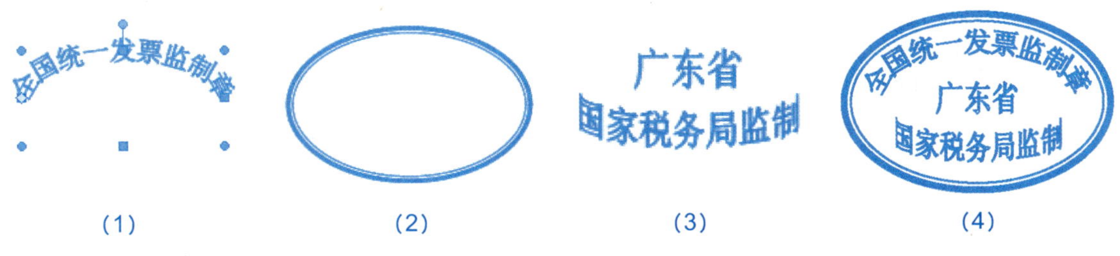

图 1-35　印章效果

步骤 5 制作表格。参照样本，制作发票表格。录入表格中的文字，设置字体为“宋体”，字号为“五号”。

步骤 6 设置部分单元格底纹。选择“表格工具”→“设计”选项卡，在“表样式”选项组中单击“边框”下拉按钮，在其下拉列表中选择“边框和底纹”命令，弹出“边框和底纹”对话框，选择“底纹”选项卡，设置其图案样式为“10%”，颜色为“深蓝”，“文字 2”，“淡色 60%”，如图 1-36 所示。

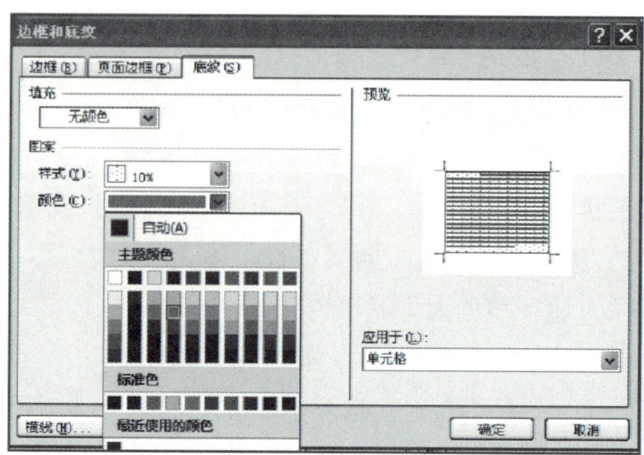

图 1-36 “边框和底纹”对话框

步骤 7 插入表格右侧竖排文本框，输入文字，设置字体为“宋体”，字号为“五号”；设置文本框格式：填充颜色为：无颜色；线条颜色为：无颜色。

步骤 8 完成任务操作，保存文件。

1.5.2 能力评价

根据个人任务完成的情况，实行个人自评，小组成员之间互评和教师评价，评价分优、良、中、差四个等级，请教师给出提升建议和综合评价（见表 1-7）。

表 1-7 能力评价

内容			评价		
评价项目		评价内容	自评	小组间	教师
知识掌握	应知应会	掌握底纹设置的方法			
		掌握印章制作的方法			
		内容完整，版面布局合理			
专业能力	工作质量	发票大小设置合理			
	工作速度	1. 在规定时间内完成本项任务			
		2. 提前完成或推迟完成			
工作与学习态度		积极投入，认真仔细			
		善于动手，善于查找资料			
提升建议：			综合评价：		

任务 1.6 商务洽谈会宣传单制作

任务描述

Word 2007 是一个文字处理软件，具有丰富的文字处理功能，图、文、表格混排，所见即所得、易学易用。利用它可以编写各种图文并茂的文章、报纸、邀请函、书等，深受广大用户的喜爱。本任务要求完成图 1-37 所示商务洽谈会宣传单的制作。

任务目标

1. 熟练对文档中的字体、字号、字形、对齐方式、段落、间距等格式进行设置。
2. 掌握对文本框环绕方式、底纹和阴影设置。
3. 掌握艺术字的设置。
4. 掌握图、文、表格的混排方法。

中国XXX行业产品展销及商务洽谈会

为促进×××科技成果的转化，加大新科技、新成果、新产品的宣传推广力度，充分发挥科技在的作用，×××部科技发展中心定于在×××中心举办×××行业新产品展销及商务洽谈会

本届洽谈会，将通过多层面、多角度地展示参展科技和产品，广泛传播科技新成果、新技术、新产品，为供需双方提供便捷的交流，促进投资者、科研教学机构、企业、中介机构等单位或个人建立广泛的联系。为国内外×××行业的单位或经销商、批发商提供一个贸易与合作的机会。并邀请各大新闻媒体对此次活动进行全面的宣传报道，邀请广大客商前来参观、咨询、洽谈、采购。本次活动属于国际性大型商务洽谈会，展出形式灵活，新闻宣传强大有力。快速及时。商务洽谈会同期举办“技术论坛”、“专家讲座”、“新产品发布会”及“大型企业冠名”等。

日程安排

- 报到时间：8 月 5 日
- 布展时间：8 月 6 日～7 日
- 展出时间：8 月 8 日～10 日

参展费用

Ⅰ. 室内标准展位费：××××元 / 个
Ⅱ. 室内特展区费：×××元平方 / 米
Ⅲ. 会务费：每人会务资料费×××元
Ⅳ. 新产品发布会：每场××××元人民币（1 小时）

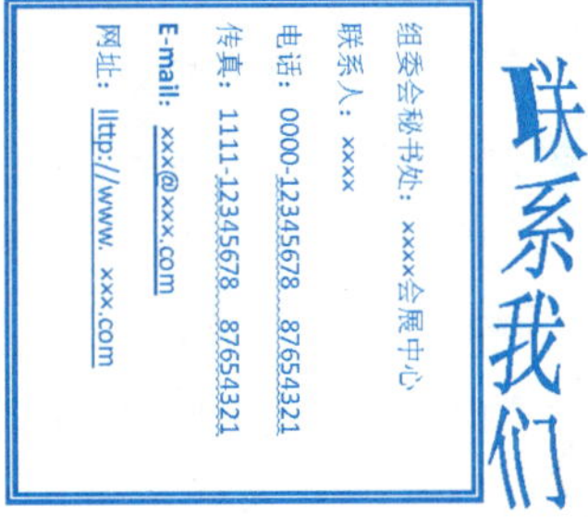
联系我们
组委会秘书处：××××会展中心
联系人：××××
电话：0000-12345678 87654321
传真：1111-12345678 87654321
E-mail: xxx@xxx.com
网址：http://www. xxx.com

中国×××行业产品展销及商务洽谈会回执表

参会单位公章：

单位名称				法人代表	
通讯地址				联系人	
电话		传真		邮政编码	
网址		E-mail			
参会人数					
参展项目（产品名称）					

图 1-37 商务洽谈会宣传单示例

相关知识

1. Word 2007提供多种浏览文档的方法：普通视图、Web版式视图、页面视图、阅读版式视图及大纲视图5种浏览方式。其中，页面视图是最常用的浏览方式，大纲视图大多用于插入目录时的浏览。

2. 文字环绕方式有嵌入式、四周型、紧密型、衬于文字下方、浮于文字上方、上下型、穿越型。

1.6.1 任务操作

步骤1 新建一个Word 2007空白文档。

步骤2 页面设置。设置其页面纸张大小为“A4”，页边距为“上下左右各2厘米”。

步骤3 输入任务中的所有文字。设置标题字体为“华文彩云”，字号为“小二号”，“居中”；其他的文字为“宋体”，字号“五号”。

步骤4 正文第一段。插入文本框，输入文本框中文字。选择“文本框工具”→“格式”选项卡，在“文本框样式”选项组中单击“形状填充”按钮，在其下拉列表中选择“图案”命令，弹出“填充效果”对话框，选择“图案”列表中第二行第一个图案；单击“形状轮廓”按钮，在其下拉列表中选择“粗细”→“2.25磅”线条，此时线条中有一点阴影效果。

步骤5 正文第二段。选择“页面布局”选项卡，在“页面设置”选项组中单击“分栏”按钮，在其下拉列表中选择“更多分栏”命令，弹出“分栏”对话框，在“预设”选项区域选择“两栏”选项，并勾选“分隔线”复选框。

步骤6 特殊符号的插入。选择“插入”选项卡，在“符号”选项组中单击“符号”按钮，在其下拉列表中选择“其他符号”命令，弹出“符号”对话框，在“字体”下拉列表中选择“Wingdings”选项，选择🕭符号插入即可，如图1-38所示。

步骤7 插入艺术字。选择艺术字样式17（即“艺术字”下拉列表第三行第五个），输入文字“联系我们”，插入艺术字后，更改其文字环绕方式为“浮于文字上方”；“文本”选项组中单击“竖排文字”按钮，使艺术字垂直排列，如图1-39所示。

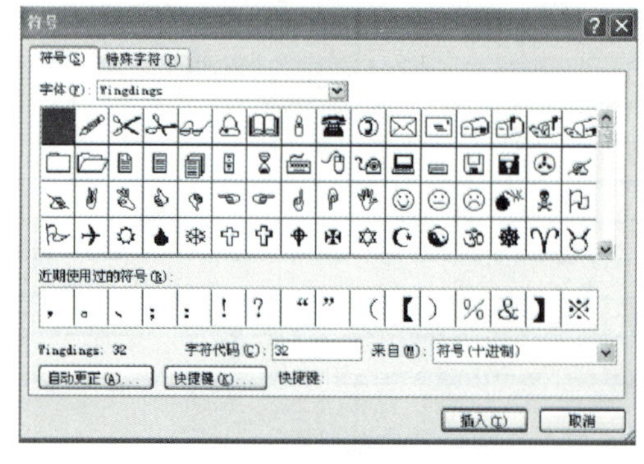

图1-38 “符号”对话框

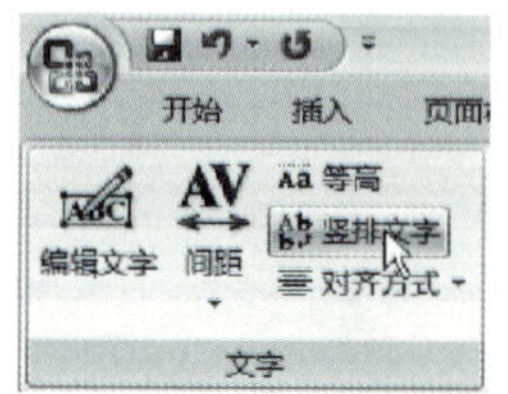

图1-39 竖排文字

步骤8　插入表格。插入一个6行3列的表格，并按要求合并单元格。选中整个表格并右击，在弹出的快捷菜单中选择“边框和底纹”命令，弹出“边框和底纹”对话框，选择“边框”选项卡，设置表格外框线为“一细一粗双线”，内框线为“双细线”，如图1-40所示。同时表格标题要比表格中文字字号大，并加粗。

步骤9　完成任务操作，保存文件。

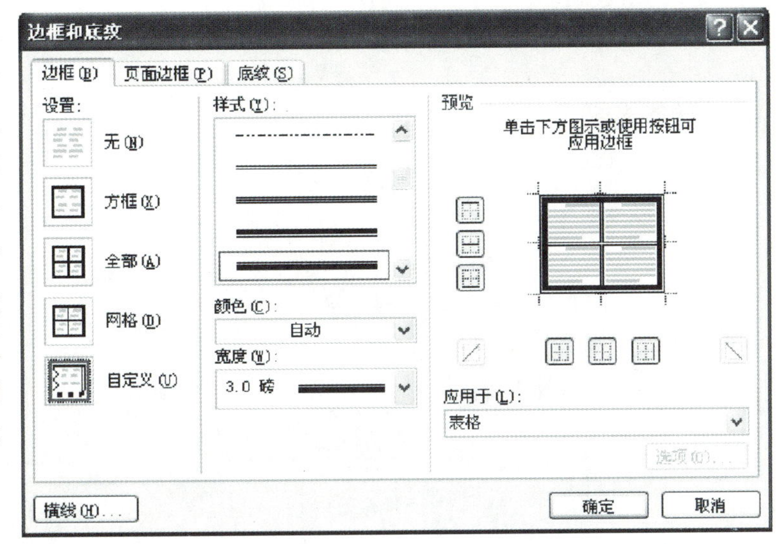

图1-40　“边框和底纹”对话框

1.6.2　能力评价

根据个人任务完成的情况，实行个人自评，小组成员之间互评和教师评价，评价分优、良、中、差四个等级，请教师给出提升建议和综合评价（见表1-8）。

表1-8　能力评价

内　容			评　价		
评价项目		评价内容	自　评	小　组　间	教　师
知识掌握	应知应会	对文本框的环绕方法			
		艺术字、底纹、阴影的设置			
		图、文、表的混排方法			
		版式合理、信息录入完整			
专业能力	工作质量	内容正确，无多字、漏字			
	工作速度	1．在规定时间内完成本项任务			
		2．提前完成或推迟完成			
工作与学习态度		积极、乐观去面对繁琐的事物			
		细心、认真检查文字有无对错			
提升建议：			综合评价：		

任务 1.7　茶园形象宣传册制作

■ 任务描述

宣传册是企业宣传自己，是让外界了解企业文化、企业经营理念、企业产品常用的一种媒介。制作宣传册是办公室人员常有的一项任务。本任务要求完成图 1-41 所示茶园形象宣传册的制作。

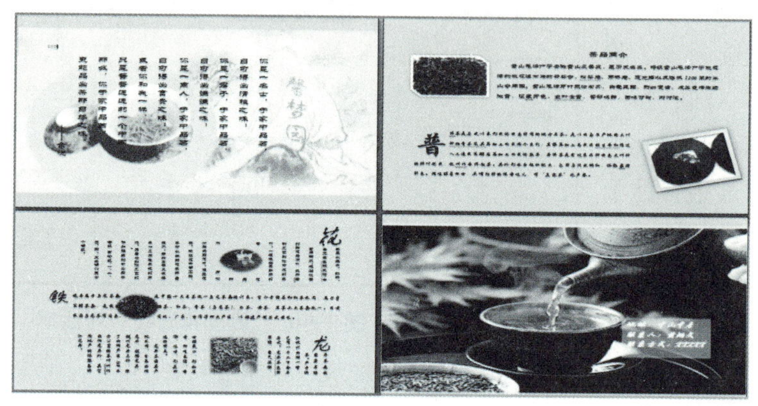

图 1-41　茶园形象宣传册示例

■ 任务目标

1. 掌握页面设置、添置加图片制作文档的背景。
2. 掌握调整图片的文字环绕方式、设置首字下沉。
3. 掌握打印预览和设置文档的打印选项。

1.7.1　任务操作

步骤 1　新建一个 Word 2007 空白文档。

步骤 2　设置纸张方向为横向。

步骤 3　设置页面颜色。选择“页面布局”选项卡，在“页面背景”选项组中单击“页面颜色”按钮，在其下拉列表中选择“橄榄色，强调文字颜色 3，淡色 40%”选项。

步骤 4　插入三页空白页，共 4 页。将光标移回到第一页开始进行排版操作。

步骤 5　插入首页图片。插入文件名为“首页.jpg”的图片，调整图片文字环绕方式为紧密型环绕，参照样本调整图片大小和位置。

步骤 6　插入垂直文本框。调整文本框大小和位置，输入第一页的文字。

步骤 7　设置字体格式。设置标题文字字体为“华文行楷”，字号为“72 号”，字体颜色为“浅绿”；设置正文字体格式为“华文行楷”，字号为“一号”，在“字体”对话框中设置其效果为“阴影”。

步骤 8　设置垂直文本框。设置文本框填充颜色为“无颜色”，线条颜色为“无颜色”。

步骤 9　第二页设置。将光标移到第二页，参照样本录入文字。

步骤 10 插入图片。插入“黄山毛峰.jpg”和“普洱茶.jpg”图片。设置图片文字环绕方式为紧密型环绕，调整图片大小。调整黄山毛峰图片的样式为“剪裁对角线，白色”；调整普洱茶图片的样式为“旋转，白色”；字体：华文行楷，字号：四号。

步骤 11 第三页设置。将光标移到第三页，选择“页面布局”选项卡，单击“页面设置”对话框启动器，弹出“页面设置”对话框，选择“文档网格”选项卡，选中“垂直”单选按钮，在应用于下拉列表中选择“插入点之后”选项，如图 1-42 和图 1-43 所示。单击“水平”，再单击“垂直”，单击“确定”完成。

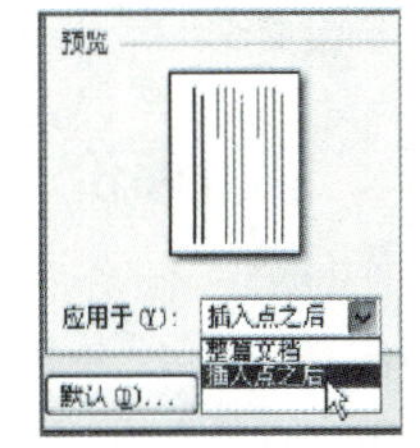

图 1-42 应用于插入点之后

图 1-43 “文档网格”选项卡

步骤 12 录入第一段文字。全选第三页，将其分栏设置为三栏，将光标移到第三页的最末处，按 Enter 键，使文字向上移动，直至全部文字都在第一栏中。

步骤 13 设置第一栏文字。字体为“华文行楷”，字号为“小四号”。选择“插入”选项卡，在“文本”选项组中单击“首字下沉”按钮，在其下拉列表中选择“悬挂”选项，调整首字至合适大小。

步骤 14 插入图片。插入“花茶.jpg”图片。设置图片文字环绕方式为“紧密型环绕”，设置图片样式为“柔化边缘椭圆”。

步骤 15 先录入第三栏的文字，最后才完成第二栏。

步骤 16 设置字体。选中第三栏所有文字，设置其字体为“华文行楷”，字号为“小四号”；在“首字下沉”下拉列表中选择“下沉”命令。

步骤 17 插入图片。插入“龙井.jpg”图片，调整文字环绕方式为“紧密型环绕”，调整图片样式为“柔化边缘矩形”。

步骤 18 在第二栏中插入文本框。录入第二栏文字。

步骤 19 设置文字。字体为“华文行楷”，字号为“小四号”。选中其中的“铁”字，设置其字体为“方正舒体”，字号为“48 号”。

步骤 20 添加空格预留图片位置。参照样本，在文本框中的适当位置添加空格，预留出图片位置。

步骤 21 插入图片。插入“铁观音.jpg”图片，调整图片文字环绕方式为“浮于文字上方”；调整图片样式为“柔化边缘椭圆”。

步骤 22 设置文本框格式。填充颜色为“无颜色”，线条颜色为“无颜色”。

步骤 23 设置第四页。插入“封底.jpg”图片。

步骤 24 设置图片文字环绕方式为“浮于文字下方”；调整图片的大小为“满页”。

步骤 25 插入文本框，录入文字。

步骤 26 完成任务操作，保存文件。

1.7.2 能力评价

根据个人任务完成的情况，实行个人自评，小组成员之间互评和教师评价，评价分优、良、中、差四个等级，请教师给出提升建议和综合评价（见表 1-9）。

表 1-9 能力评价

内容			评价		
评价项目		评价内容	自评	小组间	教师
知识掌握	应知应会	页面设置、添加图片制作文档背景			
		调整图片文字环绕方式、设置首字下沉			
		打印浏览、设置文档的打印选项			
专业能力	工作质量	1．能按具体要求完成学习任务			
		2．内容完整，版面布局合理，设计精美			
		3．有新意、有特色			
	工作速度	1．在规定时间内完成本项任务			
		2．提前完成或推迟完成			
工作与学习态度		能积极投入到任务工作中，认真完成本项任务			
提升建议：			综合评价：		

任务 1.8 批量制作班级标签

任务描述

在 Word 2007 中用户可以为邮寄地址、文件夹或 CD 盒、班级桌椅打印单个标签，也可以创建一页相同的标签，以下是班级桌椅标签的制作。本任务要求完成图 1-44 所示的班级标签制作。

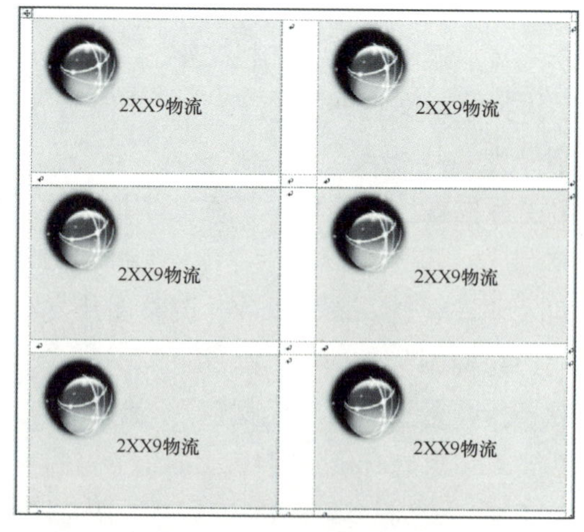

图 1-44 班级标签示例

■ 任务目标

1. 掌握标签的制作方法。
2. 能够提高审美观。

1.8.1 任务操作

步骤 1 新建一个空白文档。

步骤 2 打开标签对话框。选择“邮件”选项卡，单击“创建”选项组中的“标签”按钮，如图 1-45 所示，弹出“信封和标签”对话框。

步骤 3 输入标签内容。在“标签”选项卡中的“地址”文本框中输入“2××9 物流”。如果用户需要设置标签字体格式，可以选中标签内容并右击，在弹出的快捷菜单中选择“字体”命令，如图 1-46 所示。

图 1-45 单击“标签”按钮

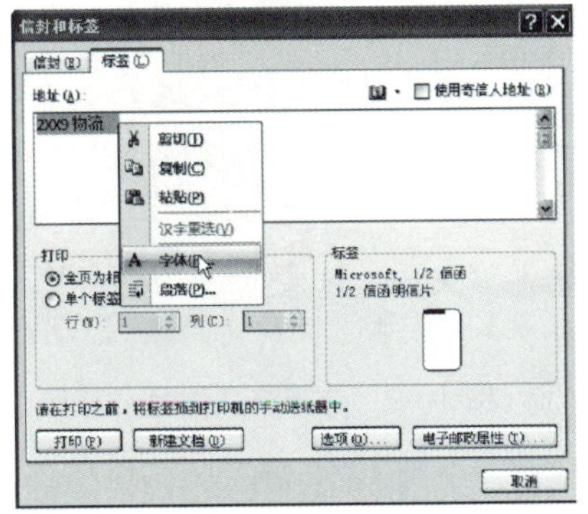

图 1-46 “标签”选项卡

步骤 4 设置标签字体格式。在弹出的“字体”对话框中设置其字体为“华文新魏”，字形为“倾斜”，字号为“四号”，并设置其字体颜色为“蓝色”，如图 1-47 所示，设置完成后单击“确定”按钮。

步骤 5 打开“标签选项”对话框。返回到“信封和标签”对话框中，此时可以看到地址标签已应用了设置的字体格式，然后单击“选项”按钮，如图 1-48 所示，弹出“标签选项”对话框。

步骤 6 选择产品编号。在弹出的“标签选项”对话框中的“产品编号”列表框中选择需要的产品选项，并在“标签供应商”下拉列表中显示选择产品编号的信息，如图 1-49 所示，然后单击“确定”按钮。

步骤 7 新建标签文档。返回到“信封和标签”对话框，单击“新建文档”按钮，如图 1-50 所示，即可为设置的标签创建新的标签文档。

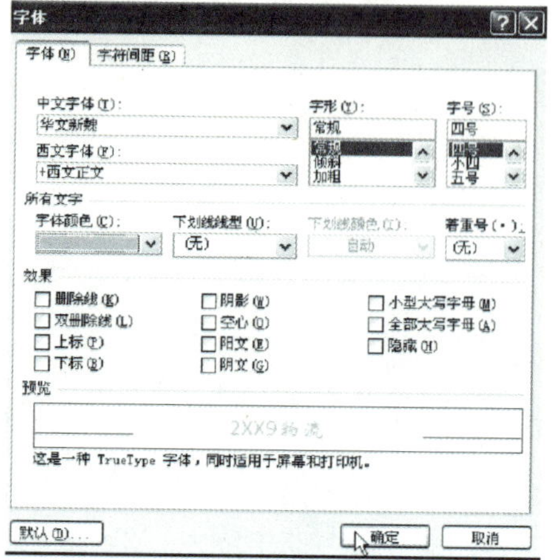

图 1-47　设置标签字体

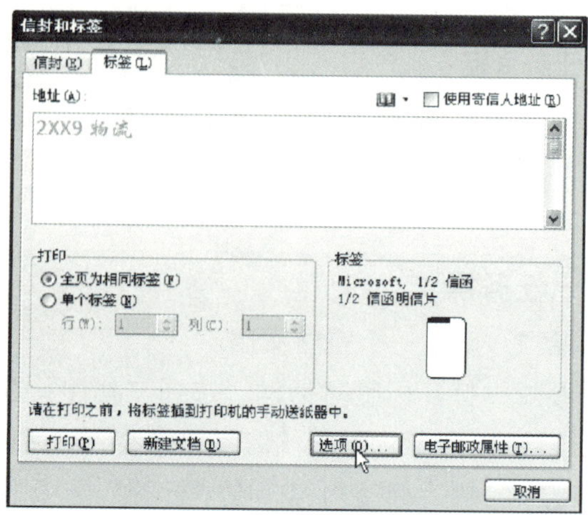

图 1-48　单击“选项”按钮

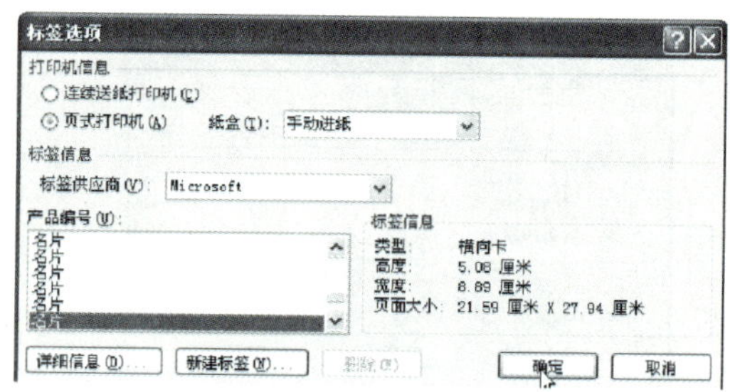

图 1-49　选择产品编号

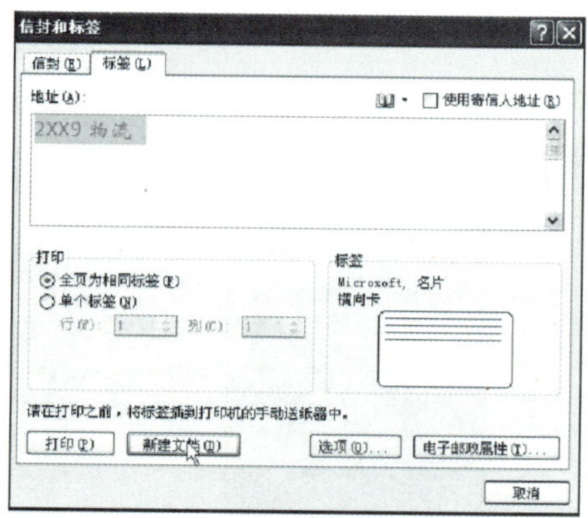

图 1-50　新建标签文档

步骤 8　显示新建标签文档的效果。此时创建了一个新的标签文档，如图 1-51 所示。

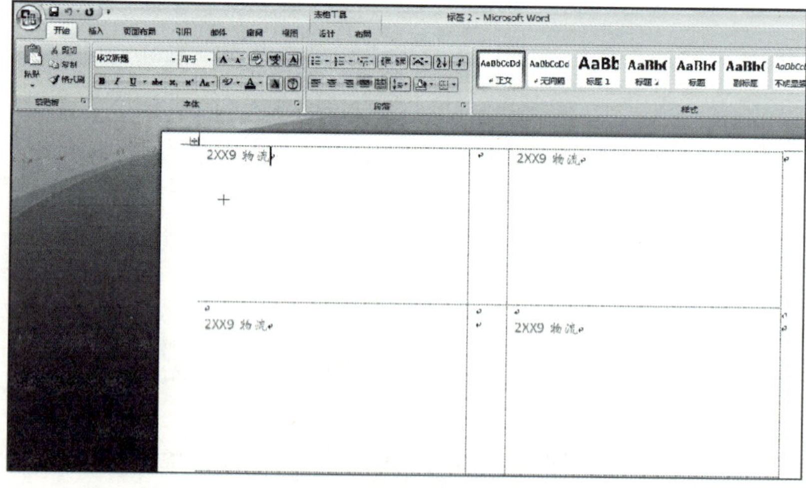

图 1-51　新建标签效果

步骤 9 为新建标签添加班级标志图片和底纹效果。用户还可以在标签中添加图片，将插入点置于一个标签中，插入图片，如图 1-52 所示。

步骤 10 更改图片样式。选中图片，更改图片样式为“柔化边缘椭圆”，效果如图 1-53 所示。

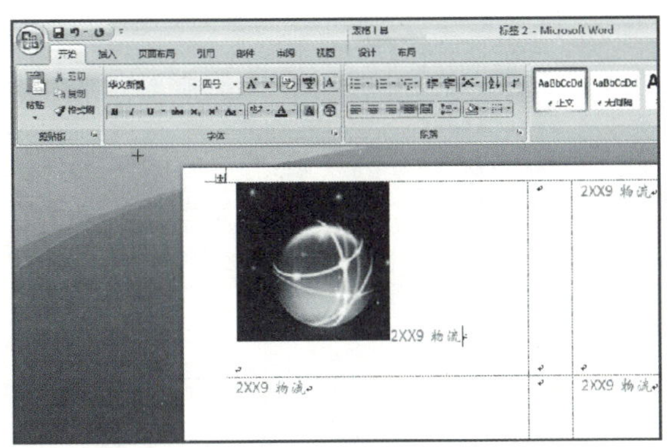

图 1-52 插入图片

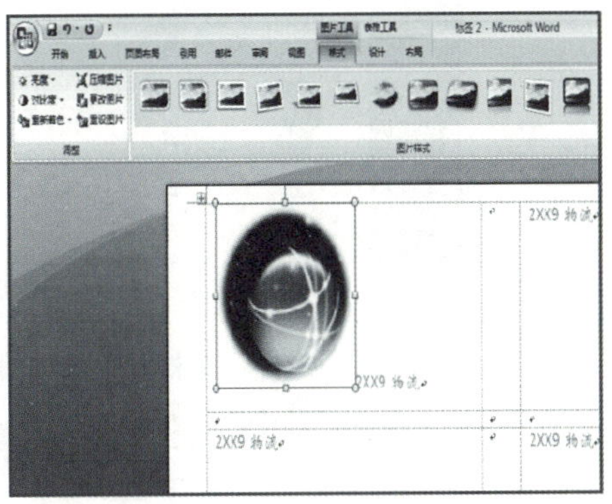

图 1-53 更改图片样式

步骤 11 调整图片大小。将图片调整到合理大小，如图 1-54 所示。

步骤 12 复制图片。利用 Ctrl+C 和 Ctrl+V 组合键复制、粘贴图片到其余的标签中，如图 1-55 所示。

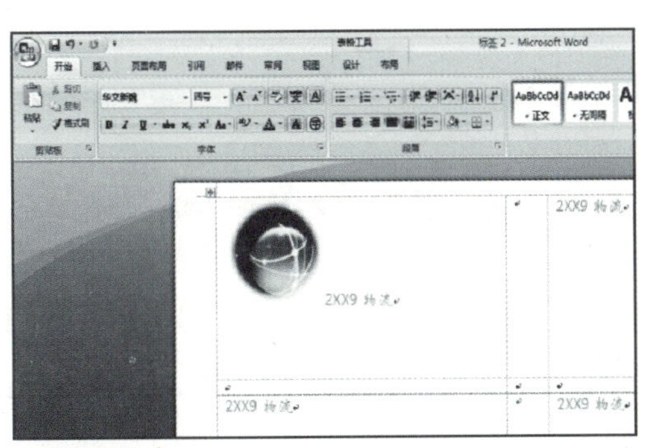

图 1-54 调查图片大小

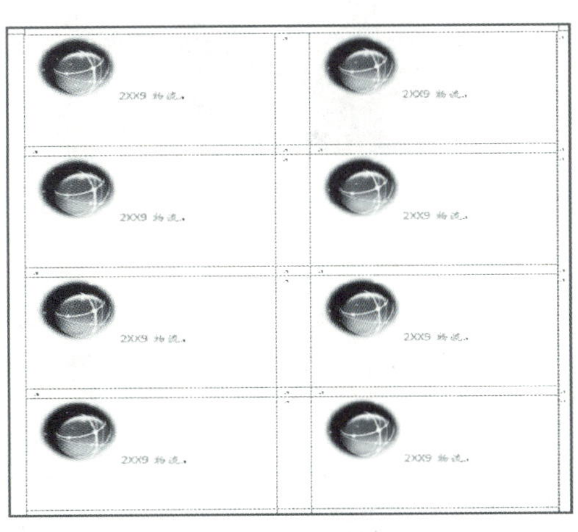

图 1-55 复制图片

步骤 13 设置标签底纹。选中第一个标签并右击，在弹出的快捷菜单中选择“边框和底纹”命令，如图 1-56 所示。选择“底纹”选项卡，设置标签的底纹填充颜色为“蓝色，强调文字颜色 1，淡色 80%”如图 1-57 所示，完成后单击“确定”按钮。

步骤 14 完成效果如图 1-58 所示。

步骤 15 按照同样的方法，设置其余的标签底纹。

步骤 16 完成任务操作，保存文件。

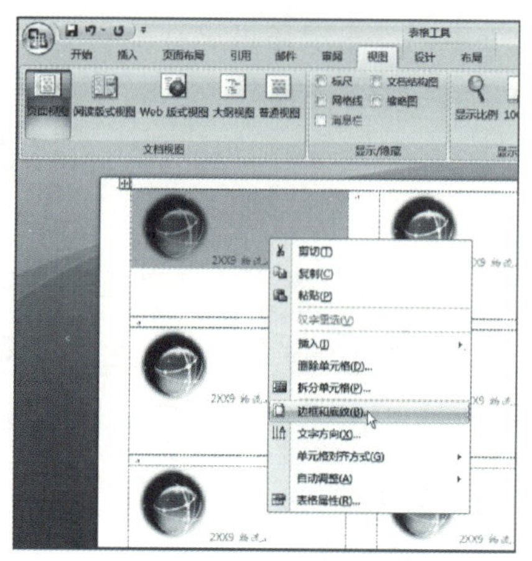

图 1-56　选择“边框和底纹”命令图

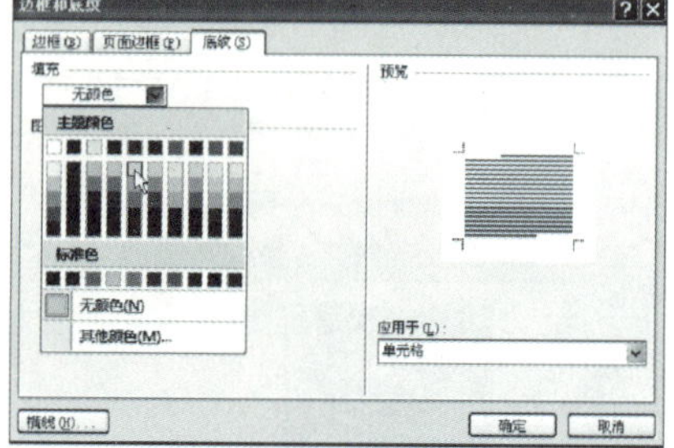

图 1-57　设置标签底纹

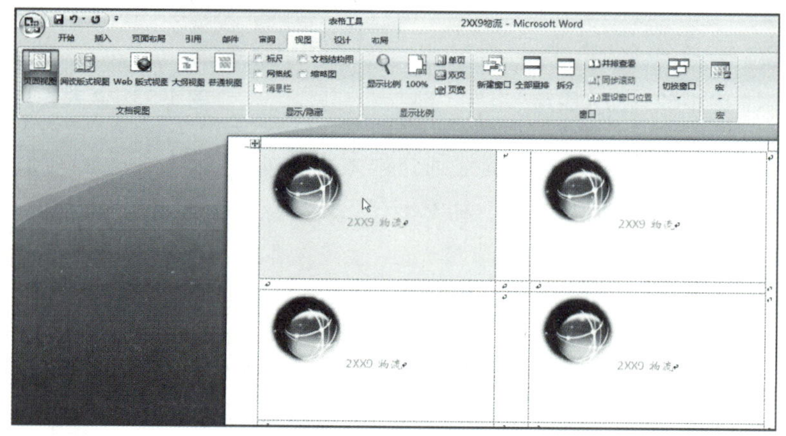

图 1-58　标签底纹效果

1.8.2　能力评价

根据个人任务完成的情况，实行个人自评，小组成员之间互评和教师评价，评价分优、良、中、差四个等级，请教师给出提升建议和综合评价（见表 1-10）。

表 1-10　能力评价

内　容			评　价		
评价项目		评价内容	自　评	小 组 间	教　师
知识掌握	应知应会	标签的制作方法			
		提高审美观			
专业能力	工作质量	1．内容完整，版面布局合理，设计精美			
		2．有新意、有特色			
	工作速度	1．在规定时间内完成本项任务			
		2．提前完成或推迟完成			
工作与学习态度		能积极投入到任务工作中，认真完成本项任务			
提升建议：			综合评价：		

任务 1.9　班级封面制作

任务描述

利用 Word 2007 可以非常快速地制作出满意的封面，如图 1-59 所示。本任务要求根据素材自由创作两张班级封面。

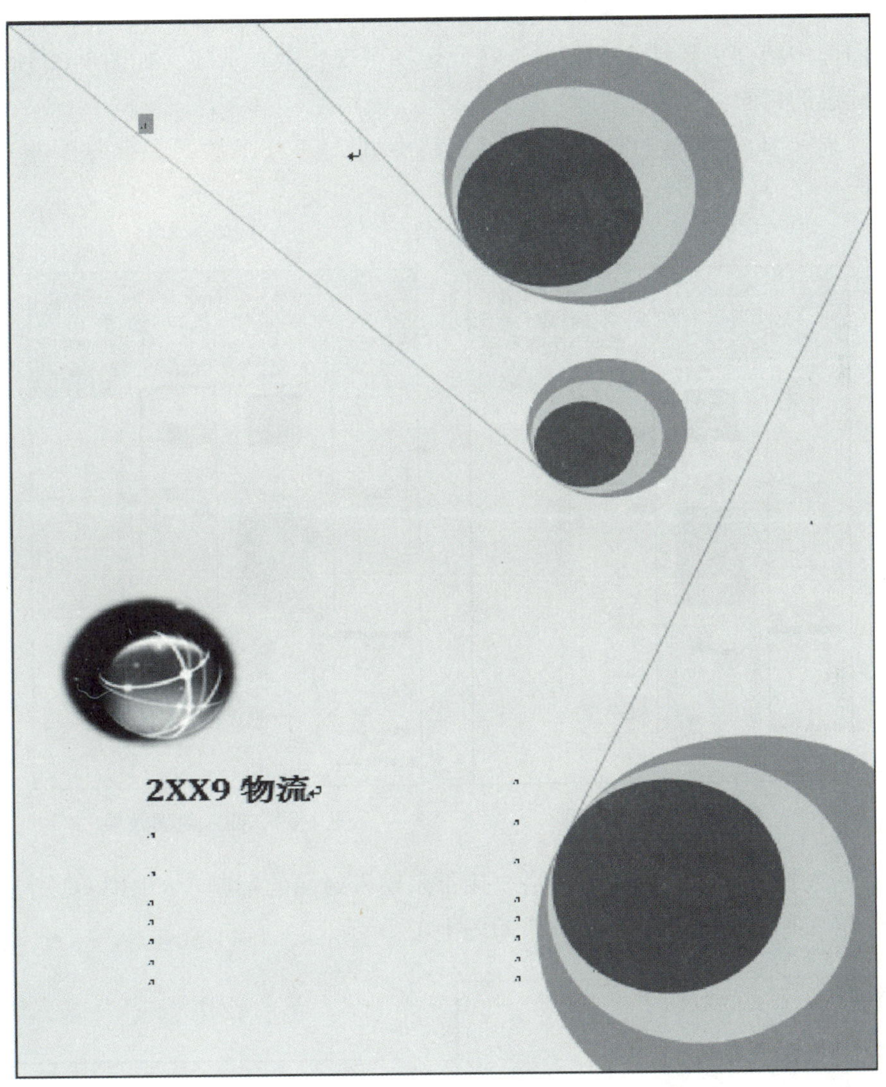

图 1-59　班级封面示例

任务目标

1. 掌握班级封面的制作方法。
2. 提高审美观。

1.9.1 任务操作

首先查看素材，筛选出自己喜欢的素材，利用两节课时间自由创作班级封面，下面将详细讲解班级封面的制作方法。

步骤 1 新建 Word 文件，保存文件名为“班级封面”。

步骤 2 插入封面。选择“插入”选项卡，单击“页”选项组中的“封面”按钮，在展开的内置封面库中选择需要插入的封面，在此选择“现代型”选项，如图 1-60 所示，即可在文档中插入选定的封面。

步骤 3 显示插入封面的效果。此时文档中插入了选定的“现代型”封面，效果如图 1-61 所示。

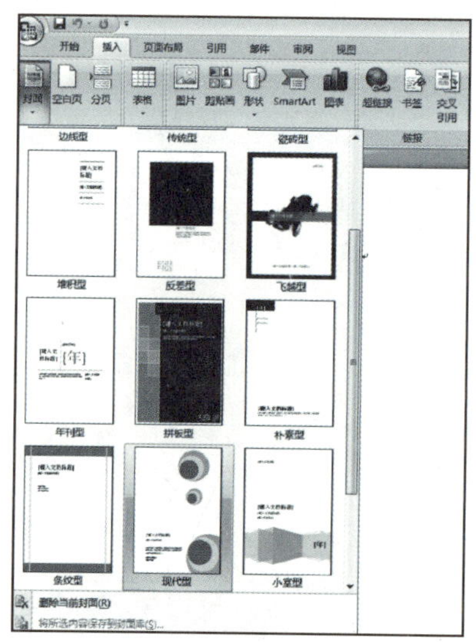

图 1-60 插入封面

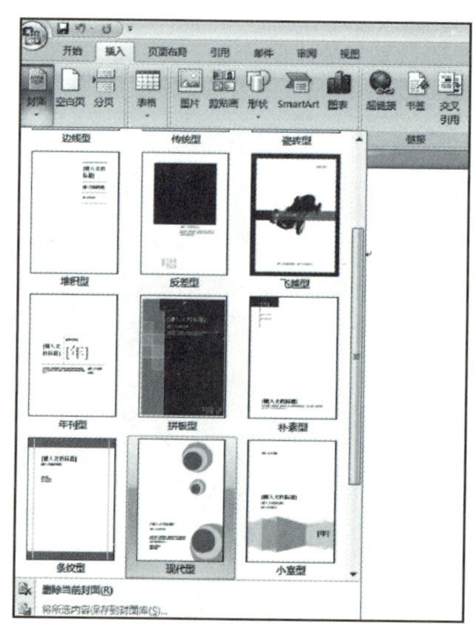

图 1-61 插入封面效果

步骤 4 插入封面标题。插入封面后，接下来输入封面的标题，如图 1-62 所示。

步骤 5 输入标题后的效果。其效果如图 1-63 所示。

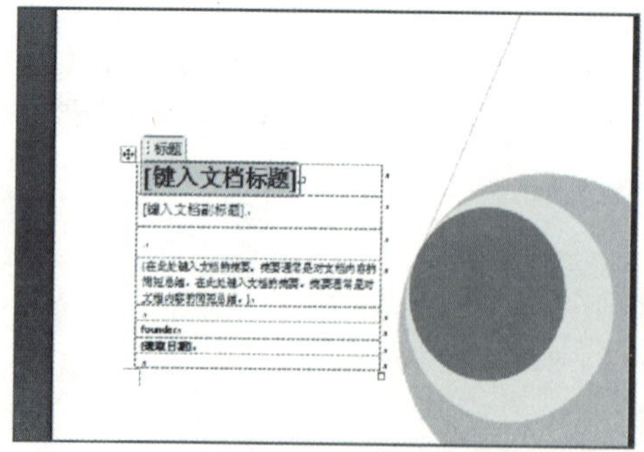

图 1-62 输入封面标题

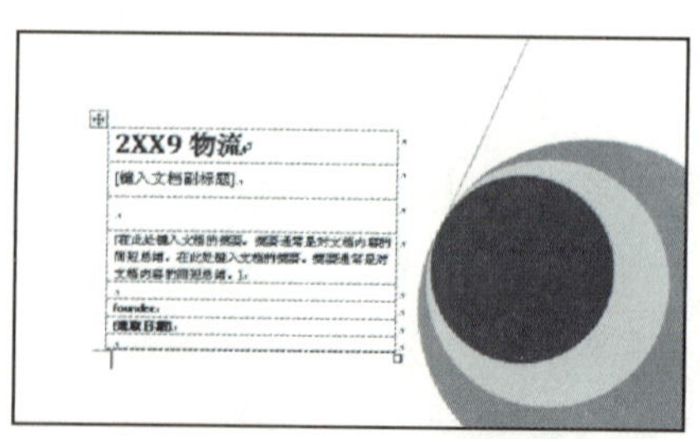

图 1-63 输入标题效果

步骤 6　删除其他不必要的内容。删除副标题、摘要、选取日期等不必要的内容。删除后的效果如图 1-64 所示。

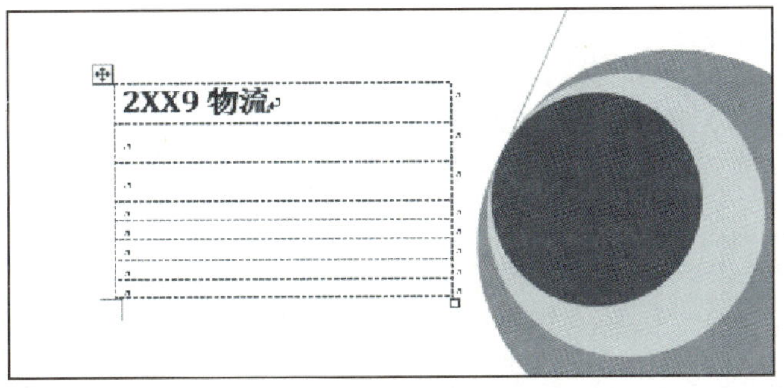

图 1-64　标题完成效果

步骤 7　设置页面颜色。选择“页面布局”选项卡，在“页面背景”选项组中单击“页面颜色”按钮，如图 1-65 所示，在其下拉列表中选择“橄榄色，强调文字颜色 3，淡色 80%”主题颜色，如图 1-66 所示。

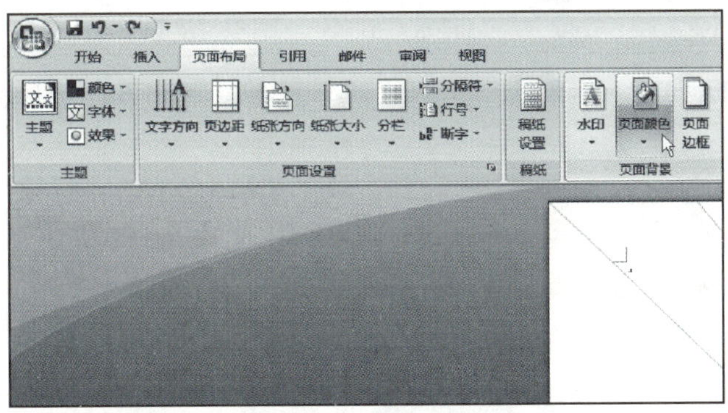

图 1-65　设置页面颜色

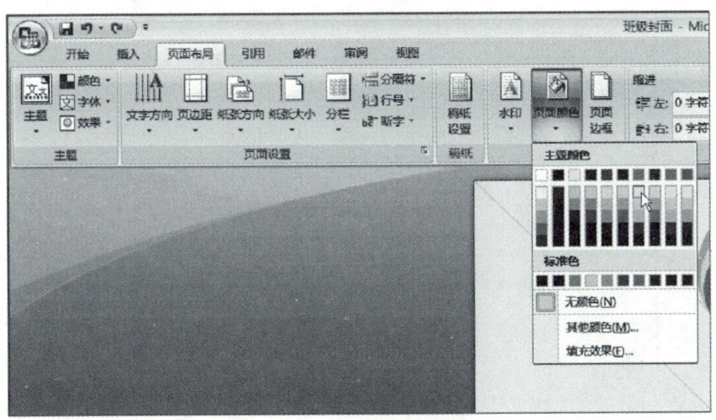

图 1-66　选择颜色

步骤 8　完成效果如图 1-67 所示。

步骤 9　插入班级标志图片，如图 1-68 所示。

步骤 10 拖动图片到合适位置。更改图片的环绕方式为“紧密型环绕”。设置图片样式为“柔化边缘椭圆”，完成效果如图 1-69 所示。

步骤 11 完成任务操作，保存文件。

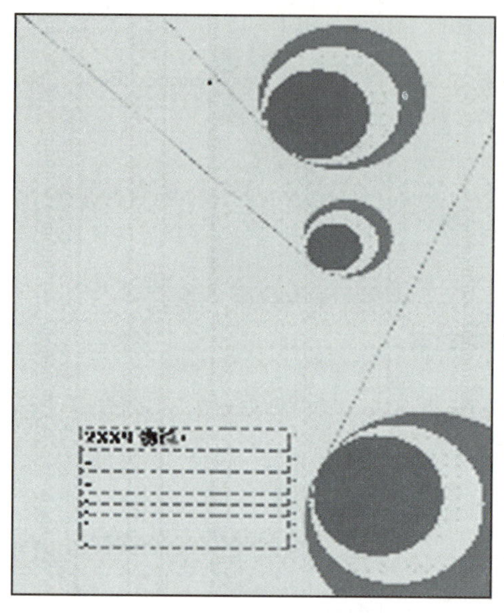

图 1-67 页面颜色设置效果

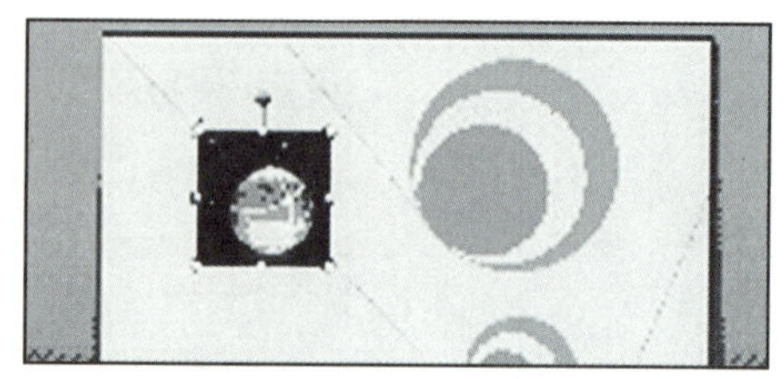

图 1-68 插入班级标志

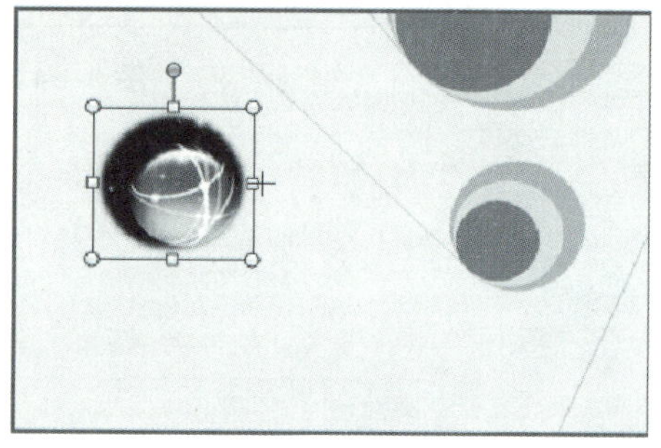

图 1-69 图片效果

1.9.2 能力评价

根据个人任务完成的情况，实行个人自评，小组成员之间互评和教师评价，评价分优、良、中、差四个等级，请教师给出提升建议和综合评价（见表 1-11）。

表 1-11 能力评价

内容			评价		
评价项目		评价内容	自评	小组间	教师
知识掌握	应知应会	班级封面的制作方法			
		提高审美观			
专业能力	工作质量	1．内容完整，版面布局合理，设计精美			
		2．有新意、有特色			
	工作速度	1．在规定时间内完成本项任务			
		2．提前完成或推迟完成			
工作与学习态度		能积极投入到任务工作中，认真完成本项任务			
提升建议：			综合评价：		

往届个别班级封面如图 1-70、图 1-71 和图 1-72 所示（仅供参考）。

图 1-70　物流班级封面

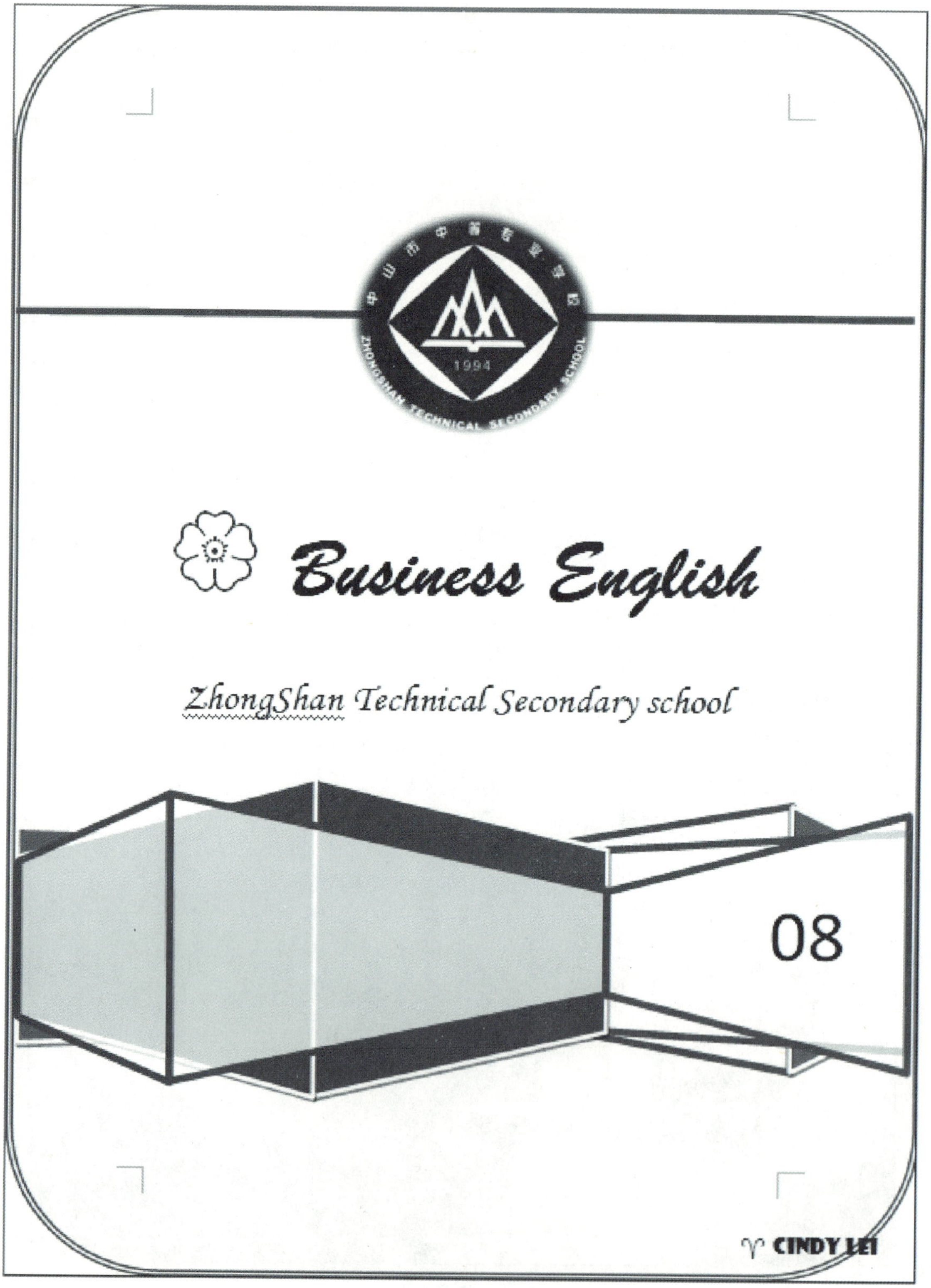
1994
ZHONGSHAN TECHNICAL SECONDARY SCHOOL
Business English
ZhongShan Technical Secondary school
08
CINDY LEI

图 1-71　商务英语班级封面（1）

图 1-72 商务英语班级封面（2）

任务 1.10　不同页眉和页脚制作

任务描述

页眉和页脚位于文档中每个页面的顶部和底部区域，可以在页眉和页脚中插入文本和图形，如页码、日期、公司徽标、文档标题、文件名或作者名等信息，当打印文档时，这些信息通常打印在文档中每页的顶部和底部。在 Word 2007 中添加页眉和页脚比较简单，但是添加不相同的页眉和页脚需要一定的技巧。本任务要求完成图 1-73 所示不同页眉的制作。

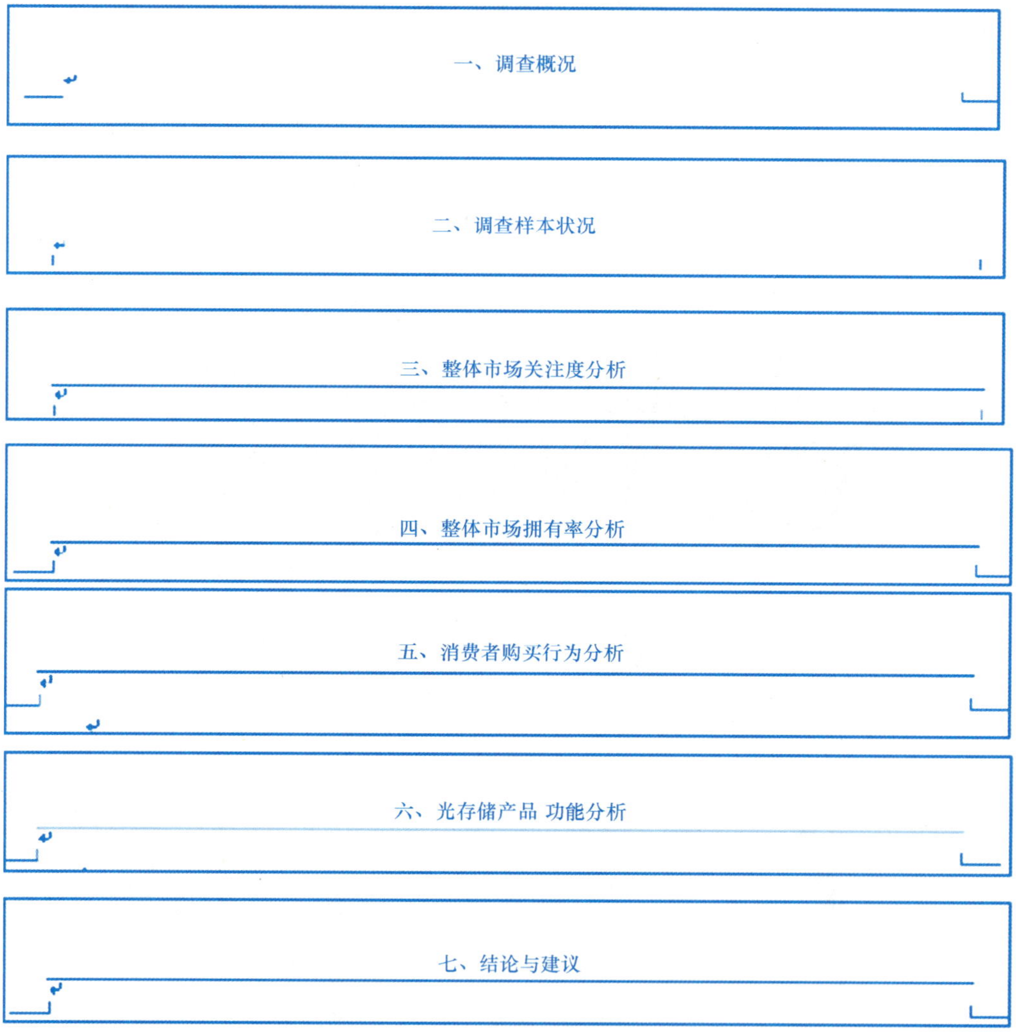

一、调查概况

二、调查样本状况

三、整体市场关注度分析

四、整体市场拥有率分析

五、消费者购买行为分析

六、光存储产品 功能分析

七、结论与建议

图 1-73　不同页眉示例

任务目标

1. 掌握不同页眉的制作方法。
2. 掌握不同页脚的制作方法。

1.10.1 任务操作

步骤 1 第一页页眉的制作。

（1）打开素材中文档“页眉和页脚 .docx”。

（2）插入内置式空白页眉。选择“插入”选项卡，单击“页眉和页脚”选项组中的“页眉”按钮，在其下拉列表中选择“空白”选项，如图 1-74 所示，即可将选中的内置页眉插入到文档页面中。

（3）插入页眉后的效果。此时选定的页眉样式已插入页眉区域中，并激活了页眉区域，在页眉区域输入文本内容为“一、调查概况”，如图 1-75 所示，用户也可以在页眉区域进行修改，这样就完成第一页的页眉。

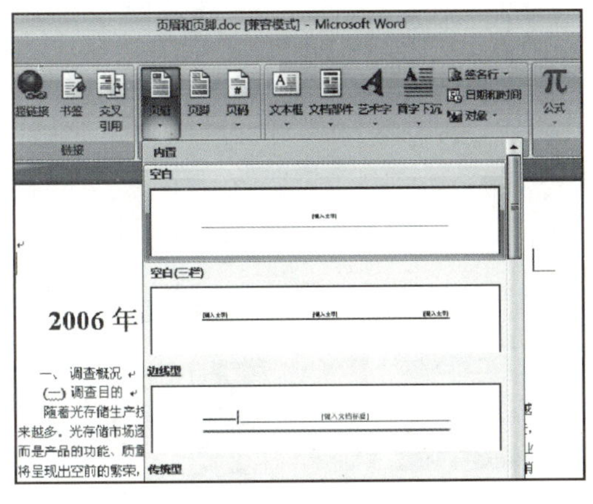

图 1-74 插入空白页眉

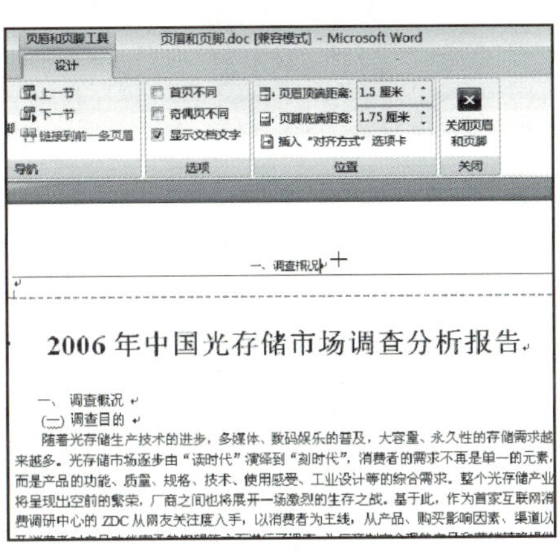

图 1-75 第一页页眉

步骤 2 第二页页眉的制作。

（1）将光标移到第二页选择的页眉文本开头，双击激活页眉区域进行编辑，如图 1-76 所示。

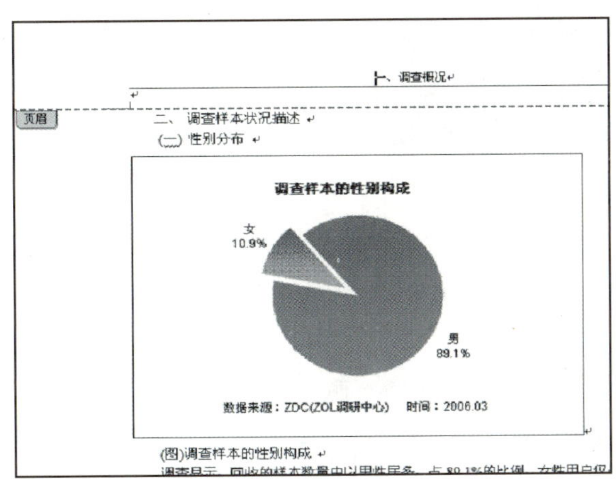

图 1-76 编辑页眉

（2）应用插入点。选择"页面布局"选项卡，单击"页面设置"对话框启动器，弹出"页面设置"对话框，如图 1-77 所示。在应用于下拉列表中选择"插入点之后"选项，完成后单击"确定"按钮，如图 1-78 所示。

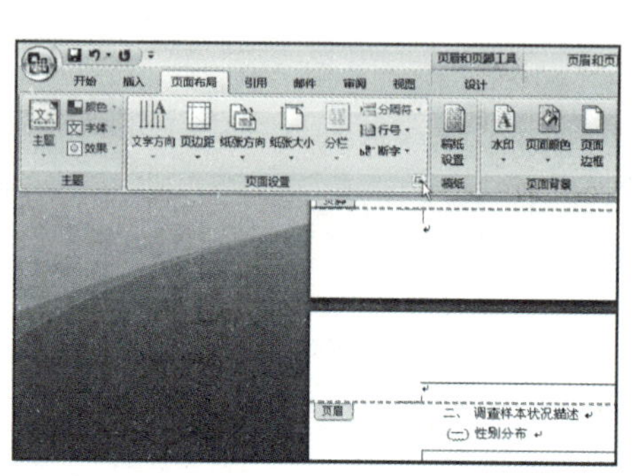

图 1-77 "页面设置"对话框启动器

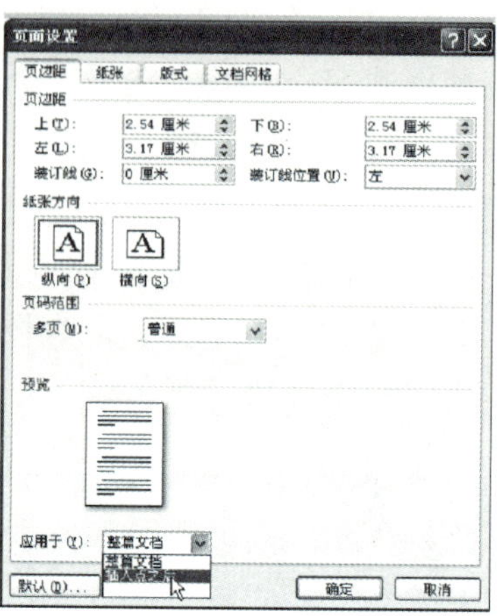

图 1-78 "页面设置"对话框

（3）选择"页眉页脚工具"→"设计"选项卡，在"导航"选项组中单击"链接到前一条页眉"按钮，如图 1-79 所示。

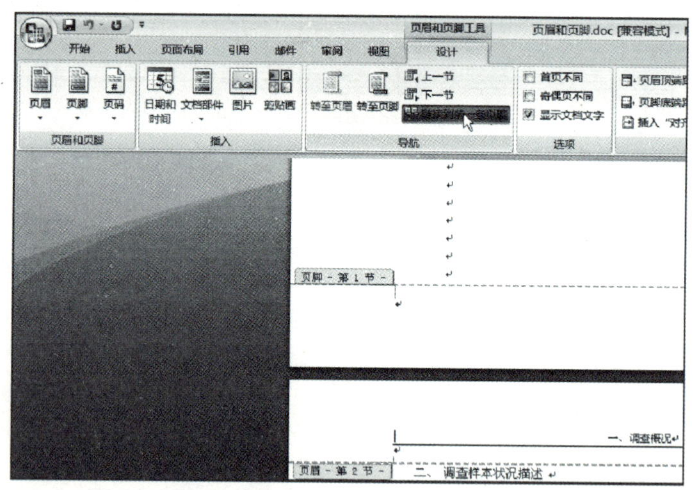

图 1-79 链接到前一条页眉

（4）更改第二页的页眉文字为"二、调查样本状况描述"，完成后如图 1-80 所示。

步骤 3 利用同样的方法完成其他各页的页眉，其中第三页的完成后的效果如图 1-81 所示。

步骤 4 利用同样的方法制作不同的页脚。

步骤 5 完成任务操作，保存文件。

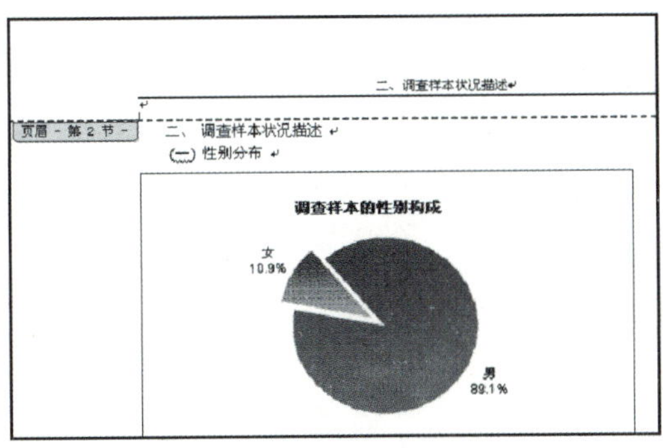

图 1-80　第二页页眉

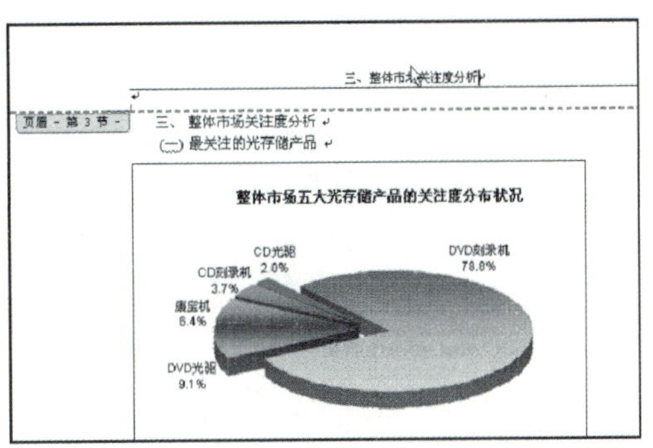

图 1-81　第三页页眉

1.10.2　能力评价

根据个人任务完成的情况，实行个人自评，小组成员之间互评和教师评价，评价分优、良、中、差四个等级，请教师给出提升建议和综合评价（见表 1-12）。

表 1-12　能力评价

内　容			评　价		
评价项目		评价内容	自　评	小　组　间	教　师
知识掌握	应知应会	不同页眉的制作方法			
		不同页脚的制作方法			
专业能力	工作质量	1．能正确制作不同页眉			
		2．能正确制作不同页脚			
	工作速度	1．在规定时间内完成本项任务			
		2．提前完成或推迟完成			
工作与学习态度		能积极投入到任务工作中，认真完成本项任务			
提升建议：			综合评价：		

任务 1.11　自动生成目录制作

任务描述

通过不同级别的标题中所应用的标题样式（如标题 1、标题 2 和标题 3）可以创建目录。Word 2007 搜索与所选样式匹配的标题，根据标题样式设置目录项文本的格式和缩进，然后将目录插入文档中。本任务要求完成图 1-82 所示自动生成目录的制作。

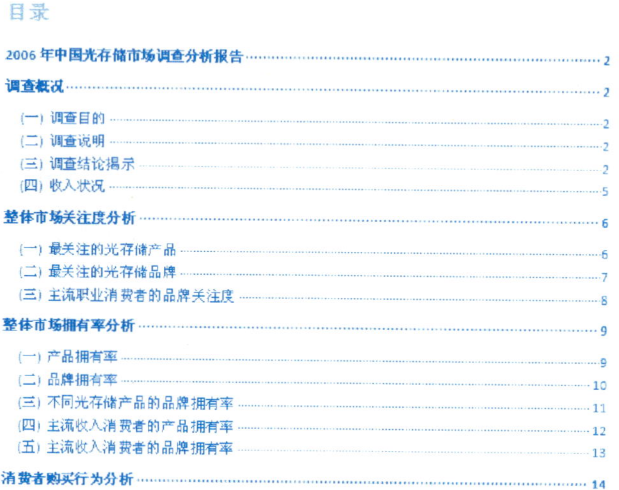

目录

2006年中国光存储市场调查分析报告 …… 2
调查概况 …… 2
（一）调查目的 …… 2
（二）调查说明 …… 2
（三）调查结论揭示 …… 2
（四）收入状况 …… 5
整体市场关注度分析 …… 6
（一）最关注的光存储产品 …… 6
（二）最关注的光存储品牌 …… 7
（三）主流职业消费者的品牌关注度 …… 8
整体市场拥有率分析 …… 9
（一）产品拥有率 …… 9
（二）品牌拥有率 …… 10
（三）不同光存储产品的品牌拥有率 …… 11
（四）主流收入消费者的产品拥有率 …… 12
（五）主流收入消费者的品牌拥有率 …… 13
消费者购买行为分析 …… 14

图 1-82　自动生成目录示例

■ 任务目标

1. 掌握标题级别设置方法。
2. 掌握创建自动生成目录的操作方法。

1.11.1　任务操作

步骤 1　设置标题级别。

（1）打开原始文档。打开素材中的“市场调查分析报告”文档。

（2）打开“文档结构图”任务窗格。选择“视图”选项卡下，在“显示 / 隐藏”选项组中勾选“文档结构图”复选框，如图 1-83 所示，即可打开“文档结构图”任务窗格。

（3）显示文档的结构。此时在打开的“文档结构图”任务窗格中可以看到文档的结构，如图 1-84 所示。

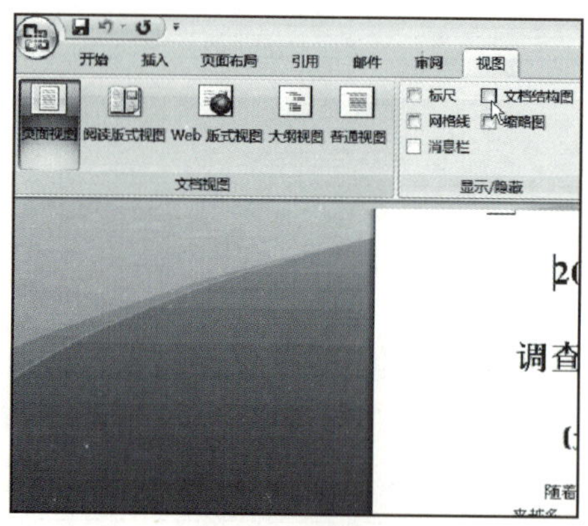

图 1-83　勾选“文档结构图”复选框

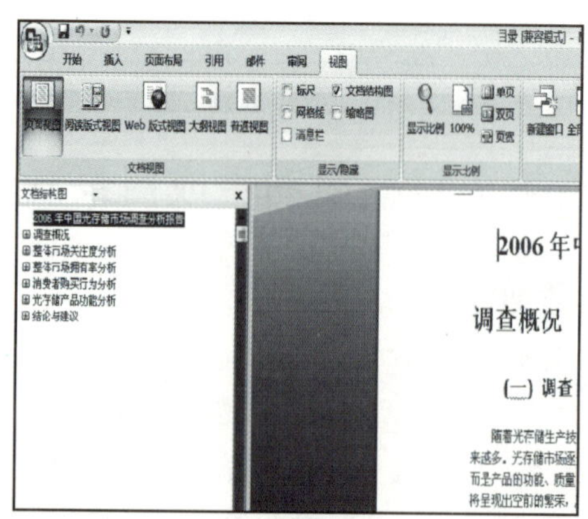

图 1-84　“文档结构图”任务窗格

(4) 切换至大纲视图。如果要设置标题的级别，首先需要切换到大纲视图。选择“视图”选项卡中，单击“文档视图”选项组中的“大纲视图”按钮，如图 1-85 所示，即可切换到大纲视图。

(5) 显示大纲视图效果。大纲视图中的功能区中显示了“大纲”选项卡，并在视图中显示了标题级别，如图 1-86 所示。

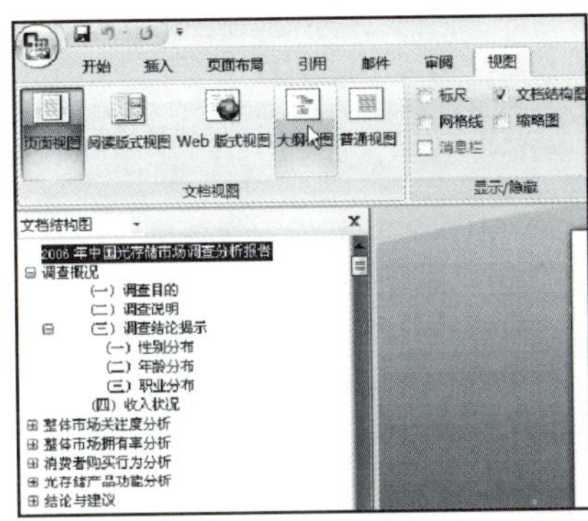

图 1-85　单击“大纲视图”按钮

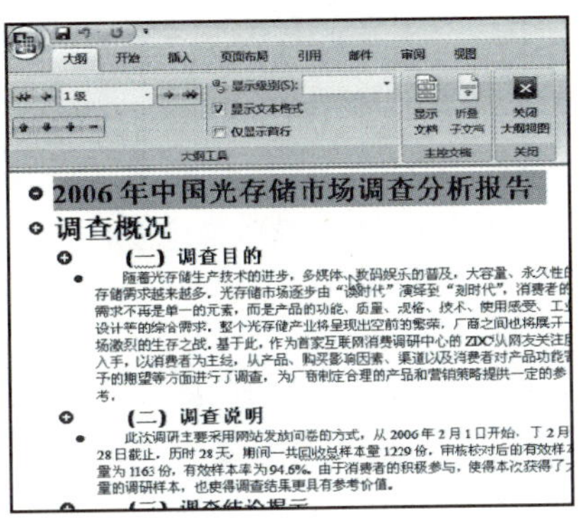

图 1-86　大纲视图

(6) 提升标题级别。将光标置于需要提升标题级别的文本中，然后单击“大纲工具”选项组中的“升级”按钮，如图 1-87 所示，即可将光标所在文本段落的标题提升到上一标题相同的级别。

(7) 提升标题级别后的效果。此时光标所在的文本段落标题的级别提升到与上一级标题级别相同，在“级别”下拉列表中显示“2 级”，如图 1-88 所示。

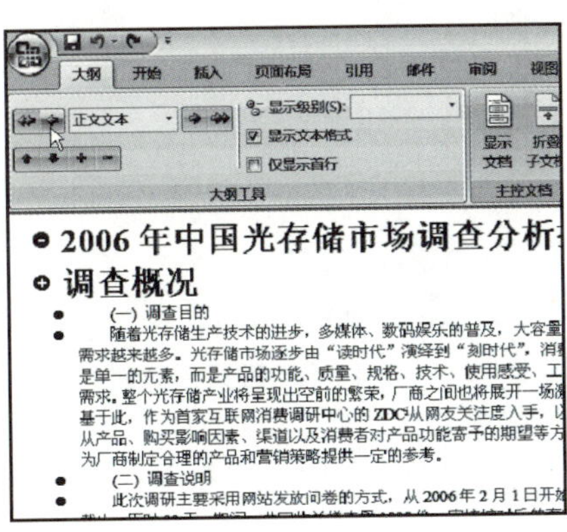

图 1-87　提升标题级别

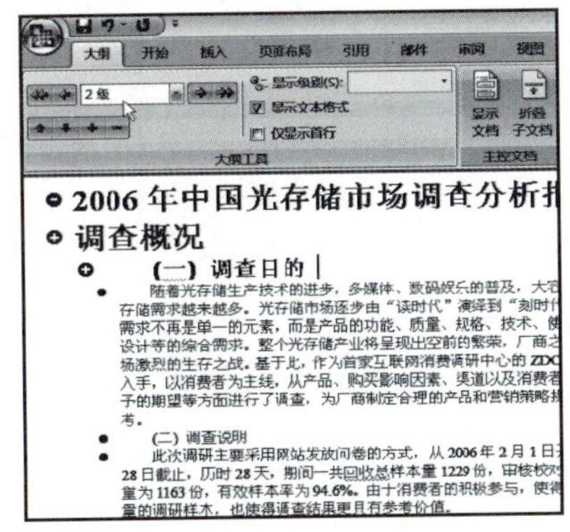

图 1-88　标题提升效果

(8) 降低标题级别。若要将光标所在的文本设置为 3 级标题，可以单击“降级”按钮，如图 1-89 所示，降低级别，每单击一次“降级”按钮，即可降低一个级别。

(9) 显示降级后的效果。此时光标所在文本即降为 3 级标题，降级后的文本效果如图 1-90 所示。

(10) 用定义标题级别方法，设置所有的大标题为“级别 1”，小标题为“级别 2”。

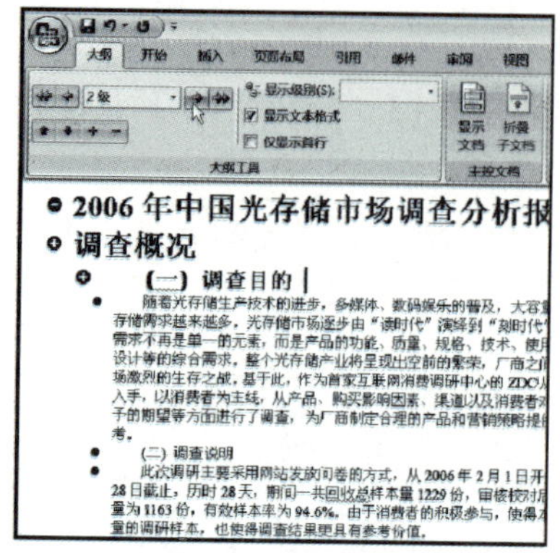

图 1-89　降低标题级别

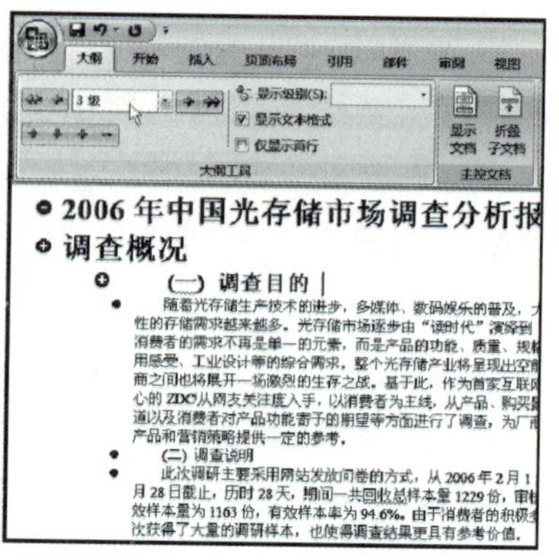

图 1-90　标题降级效果

步骤 2　创建目录。

（1）用内置目录样式创建目录。在调整好标题级别后，将插入点置于文档首页页首，选择“引用”选项卡，单击“目录”选项组中的“目录”按钮，在展开的目录样式库中选择“自动目录 1”选项，如图 1-91 所示。

（2）用内置目录样式创建目录的效果。此时在文档前面根据文档中标题级别创建目录，创建目录后的效果如图 1-92 所示。

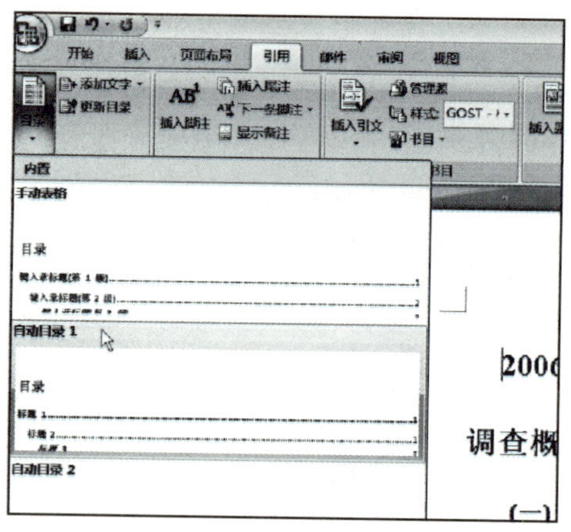

图 1-91　创建目录

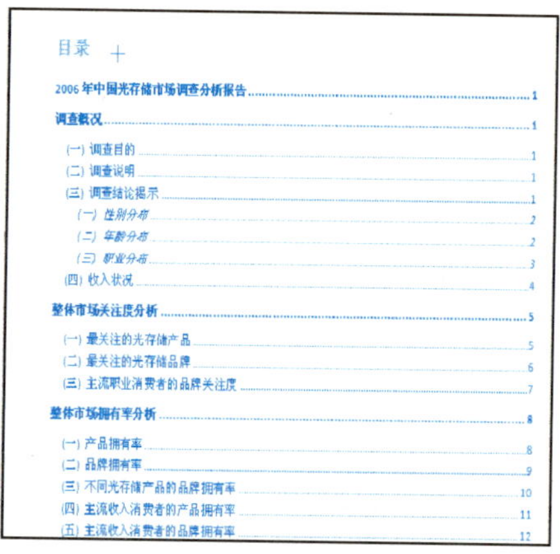

图 1-92　目录创建效果

（3）打开“目录”对话框。再次单击“目录”按钮，在其下拉列表中选择“插入目录”选项，如图 1-93 所示，弹出“目录”对话框。

（4）选择格式。选择“目录”选项卡，在“格式”下拉列表中选择“正式”选项，如图 1-94 所示。

（5）选择制表符前导符。在“制表符前导符”下拉列表中选择需要的制表符前导符，如图 1-95 所示，然后单击“选项”按钮。

（6）设置目录选项。弹出“目录选项”对话框，在该对话框中可以根据需要设置“目录建自”的“有效样式”，设置完成后单击“确定”按钮，如图 1-96 所示。

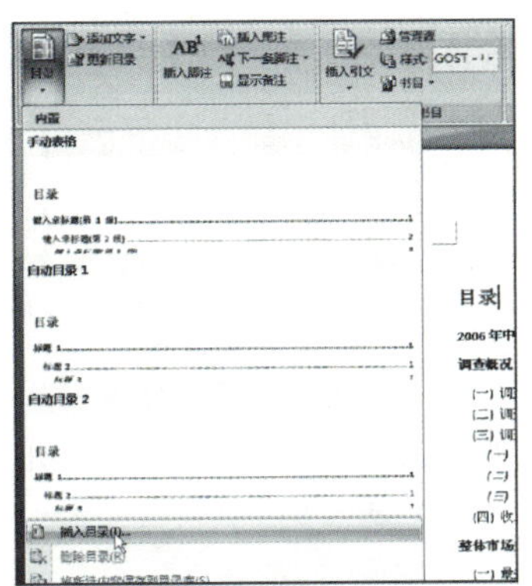

图 1-93　插入目录

图 1-94　目录

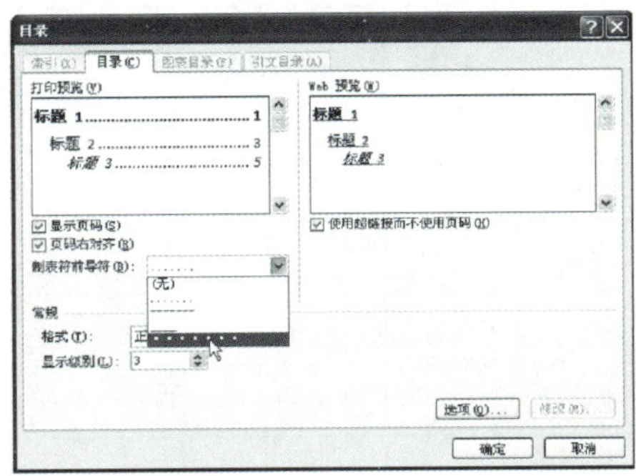

图 1-95　设置制表符前导符

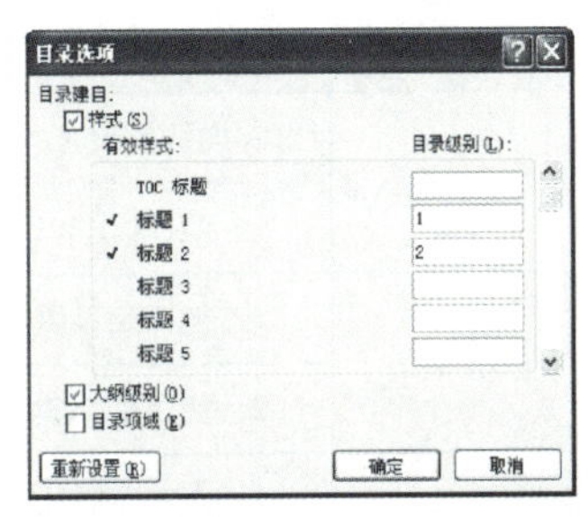

图 1-96　“目录选项”对话框

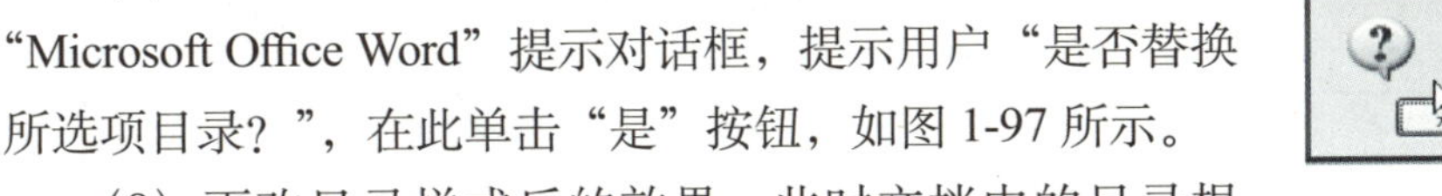

(7) Microsoft Office Word 提示框。此时系统弹出“Microsoft Office Word”提示对话框，提示用户“是否替换所选项目录？”，在此单击“是”按钮，如图 1-97 所示。

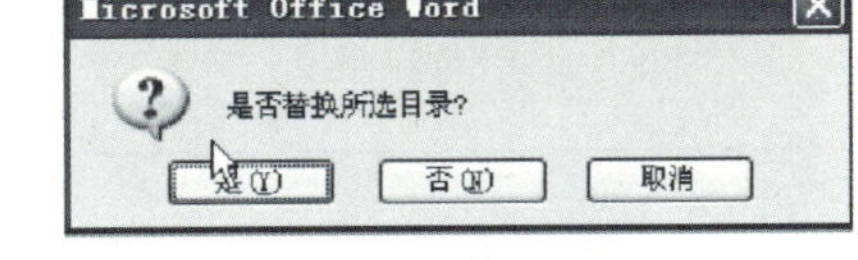

图 1-97　提示对话框

(8) 更改目录样式后的效果。此时文档中的目录根据设置进行了相应的调整，更改目录样式后的效果如图 1-98 所示。

(9) 打开“更新目录”对话框。若在文档中对标题文本进行修改后，它的目录没有发生相应的修改，可以更新目录实现目录中标题文本的修改，单击“目录”选项组中的“更新目录”按钮，如图 1-99 所示，弹出“更新目录”对话框。

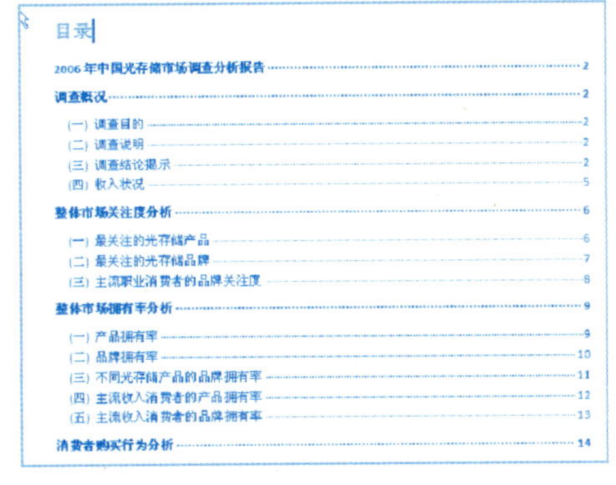

图 1-98　更改目录样式效果

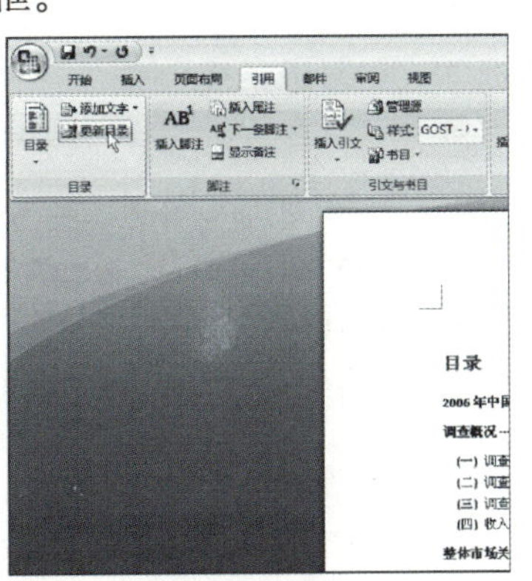

图 1-99　更新目录

（10）更新整个目录。在弹出的“更新目录”对话框中选中“更新整个目录”单选按钮，如图 1-100 所示，然后单击“确定”按钮即可更新整个目录。

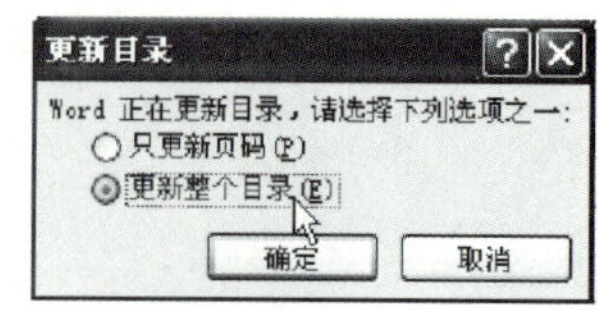

图 1-100 “更新目录”对话框

步骤 3 完成任务操作，保存文件。

1.11.2 能力评价

根据个人任务完成的情况，实行个人自评，小组成员之间互评和教师评价，评价分优、良、中、差四个等级，请教师给出提升建议和综合评价（见表 1-13）。

表 1-13 能力评价

内容			评价结果		
评价项目		评价内容	自评	小组间	教师
知识掌握	应知应会	标题级别设置方法			
		创建自动生成目录的操作方法			
专业能力	工作质量	1. 能正确设置标题级别			
		2. 能正确创建自动生成目录			
	工作速度	1. 在规定时间内完成本项任务			
		2. 提前完成或推迟完成			
工作与学习态度		能积极投入到任务工作中，认真完成本项任务			
提升建议：			综合评价：		

综合实训

综合实训 1 实习记录表制作

要求如下（样式见表 1-14）。

（1）纸张大小为 A4。

（2）纸张方向为横向。

（3）页边距设置为上下左右均为 2.5 厘米。

表 1-14 实习记录表

<table>
<tr><td colspan="3"></td><td colspan="2">学 年 评 语</td><td>毕 业 鉴 定</td></tr>
<tr><td></td><td>课 程 名 称</td><td>成绩</td><td rowspan="7">第一学年</td><td rowspan="7">班主任：
年 月 日</td><td rowspan="10">班主任（签章）
年 月 日</td></tr>
<tr><td>1</td><td></td><td></td></tr>
<tr><td>2</td><td></td><td></td></tr>
<tr><td>3</td><td></td><td></td></tr>
<tr><td>4</td><td></td><td></td></tr>
<tr><td>5</td><td></td><td></td></tr>
<tr><td>6</td><td></td><td></td></tr>
<tr><td>毕业设计（论文）题目</td><td>时间</td><td>成绩</td><td rowspan="3">第二学年</td><td rowspan="3">班主任：
年 月 日</td></tr>
<tr><td></td><td></td><td></td></tr>
<tr><td>操行 / 学期</td><td>等级</td><td>奖 惩 记 录</td></tr>
<tr><td>1</td><td>优秀</td><td rowspan="6"></td><td rowspan="7">第三学年</td><td rowspan="7">班主任：
年 月 日</td><td rowspan="7">学校意见：
同意班主任意见
学校（盖章）
年 月 日</td></tr>
<tr><td>2</td><td>优秀</td></tr>
<tr><td>3</td><td>优秀</td></tr>
<tr><td>4</td><td>优秀</td></tr>
<tr><td>5</td><td>优秀</td></tr>
<tr><td>6</td><td>优秀</td></tr>
<tr><td colspan="3">休、退、转、复学留级等记录</td></tr>
<tr><td>时间和原因</td><td colspan="2"></td><td></td><td>教育部门意见：
年 月 日</td><td>备注：</td></tr>
</table>

此表由 ×× 市教育局监制

综合实训 2 组织结构图制作

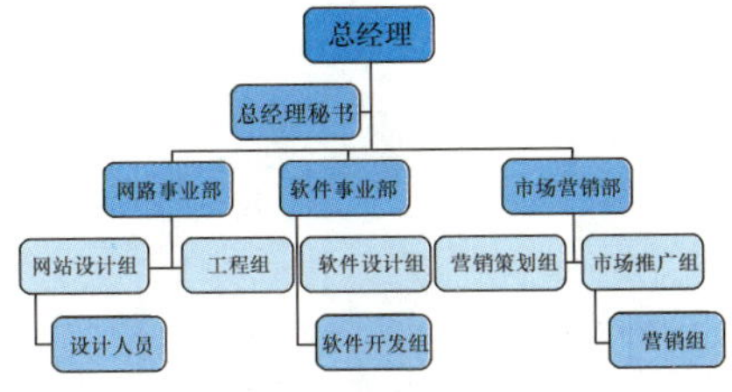

图 1-101 星宇信息科技有限公司组织结构

综合实训 3　水平层次结构图制作

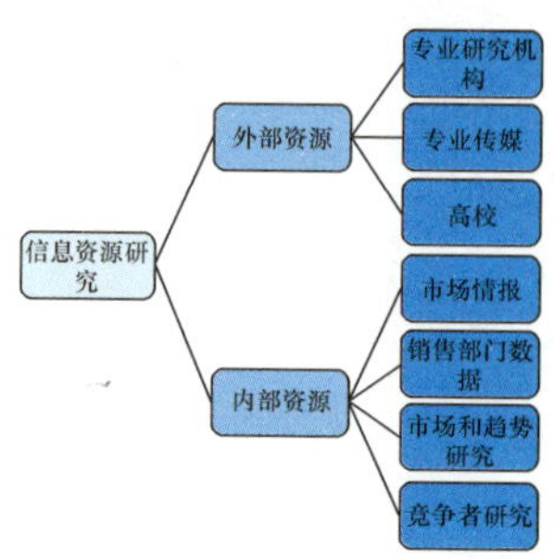

图 1-102　信息资源研究结构

综合实训 4　港澳申请表制作

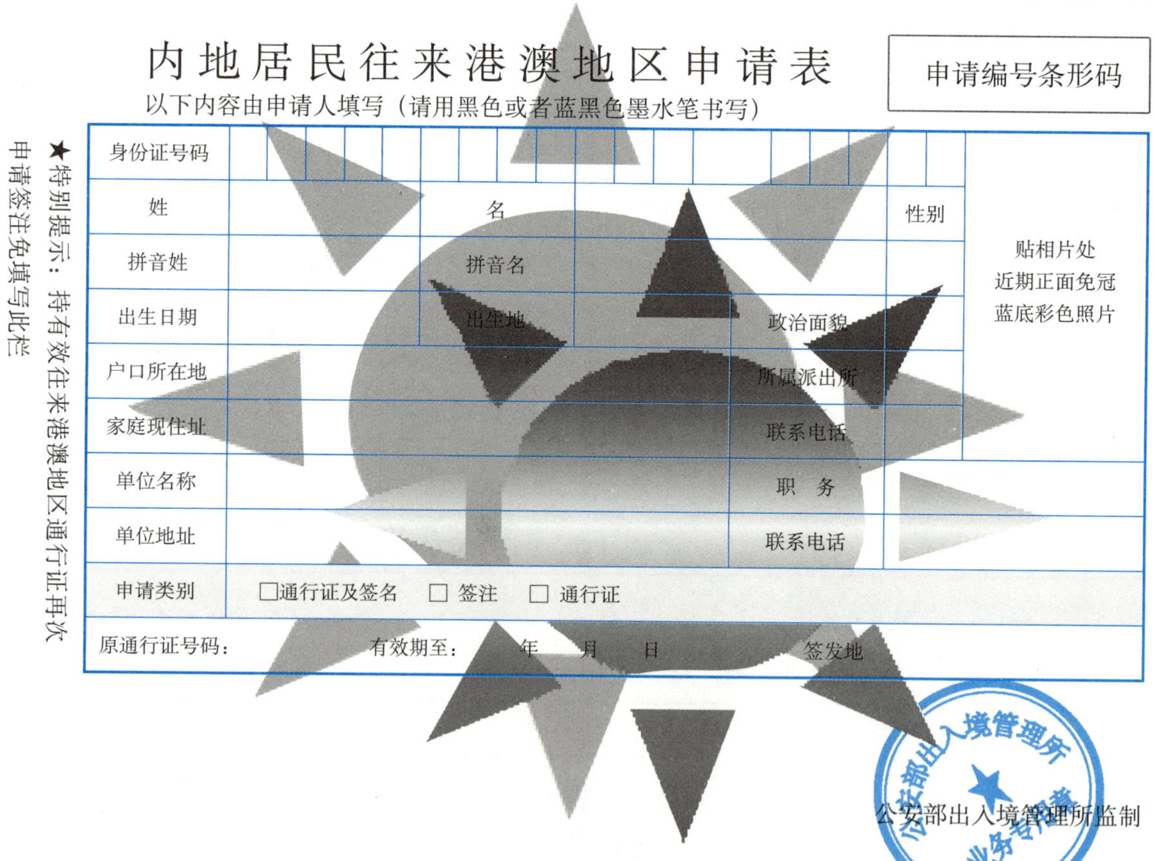

内地居民往来港澳地区申请表

申请编号条形码

以下内容由申请人填写（请用黑色或者蓝黑色墨水笔书写）

★特别提示：持有效往来港澳地区通行证再次申请签注免填写此栏

身份证号码						贴相片处 近期正面免冠 蓝底彩色照片
姓		名		性别		
拼音姓		拼音名				
出生日期		出生地		政治面貌		
户口所在地				所属派出所		
家庭现住址				联系电话		
单位名称				职　务		
单位地址				联系电话		
申请类别	□通行证及签名　□ 签注　□ 通行证					
原通行证号码：		有效期至：　年　月　日		签发地		

公安部出入境管理所业务专用章

公安部出入境管理所监制

图 1-103　港澳申请表

综合实训 5　支票制作

中山建设银行支票存根（粤）
EC
02
附加信息

出票日期　年　月　日
收款人：
金　额：
用　途：
单位主管　会计

本支票付款期限十天

中国建设银行　支　票　（粤）　EC 05666631
02
出票日期（大写）　年　月　日　付款行名称：建设银行大东支行
收款人：　出票人账号：22233344

人民币（大写）	亿	千	百	十	万	千	百	十	元	角	分

用途

上列款项请从
我账户内支付
出票人签章

复核　记账

（支票背面）

附加信息：	被背书人：
身份证件名称：　发证机关：	背书人签章
号码	年　月　日

图 1-104　中国建设银行支票

综合实训 6　礼券制作

图 1-105　星岛咖啡礼券

■ 综合实训 7 优惠券制作

冒险者乐园

圣诞特惠酬宾！

特价商品 3 折！

全部滑雪板、雪橇、滑雪靴和滑雪杆 6 折！

所有冬装 5 折！

特惠时间：2004 年 11 月 31 日至 12 月 31 日！

冒险者乐园

郑州市

金水区农业路 1234 号 150000

(0371) 8888-8888

周一至周五营业时间：

上午 9:00 － 下午 7:00

周六和周日营业时间：

上午 9:00 － 晚上 9:00

此处放置您的徽标

冒险者乐园

圣诞特惠酬宾！

特价商品 3 折！

全部滑雪板、雪橇、滑雪靴和滑雪杆 6 折！

所有冬装 5 折！

特惠时间：2004 年 11 月 31 日至 12 月 31 日！

冒险者乐园

郑州市

金水区农业路 1234 号 150000

(0371) 8888-8888

周一至周五营业时间：

上午 9:00 － 下午 7:00

周六和周日营业时间：

上午 9:00 － 晚上 9:00

此处放置您的徽标

图 1-106 冒险者乐园优惠券

综合实训 8 综合排版

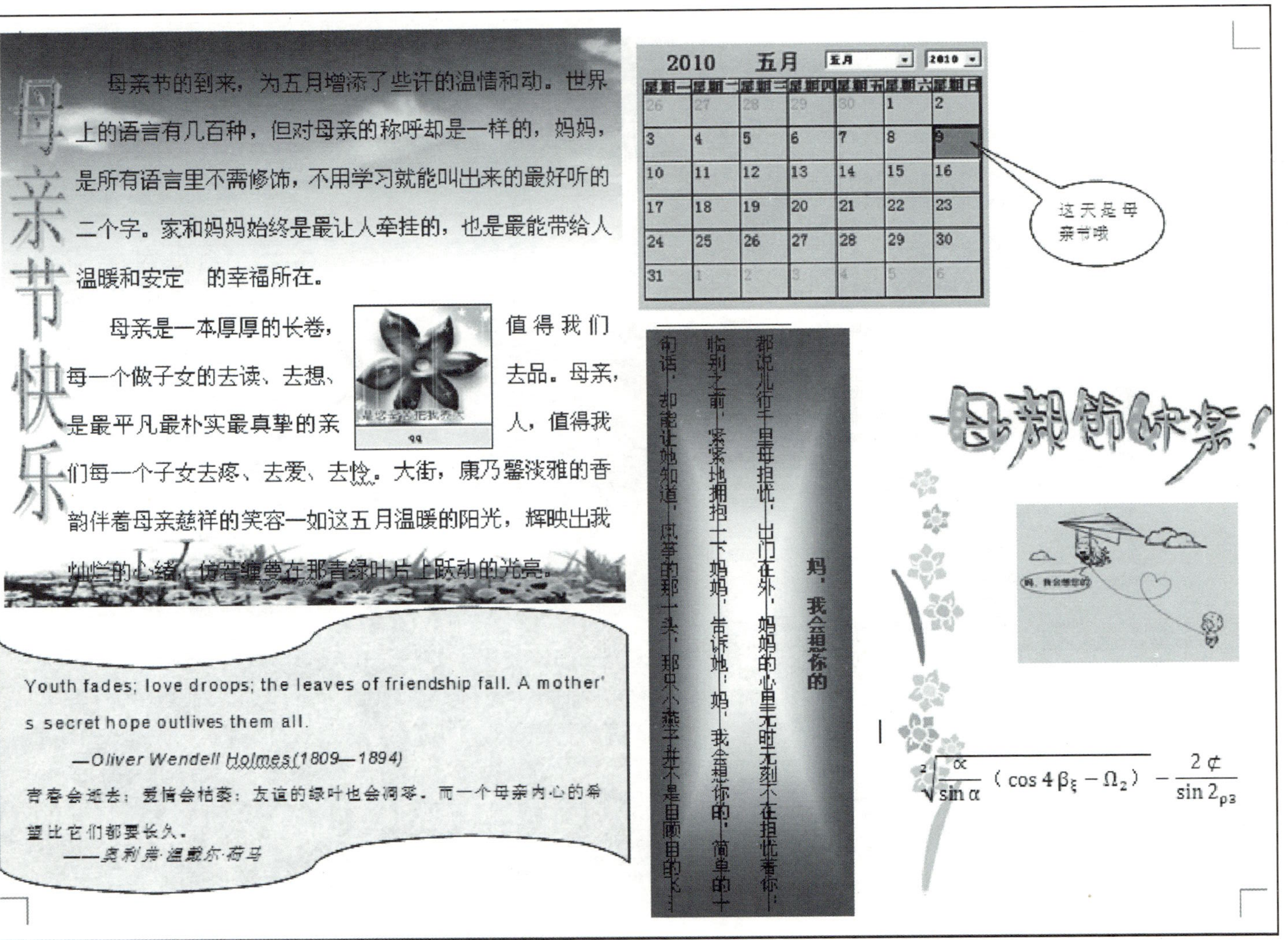

图 1-107　黑板报

综合实训 9　电子手抄报制作

要求：以老师指定的主题为素材内容，以如下作品为参照排版，自由制作一份电子手抄报作品。

图 1-108　电子手抄报样版

项目 2 Excel 2007 综合应用

■ 项目引入

Excel 2007 是微软公司办公软件套件 Microsoft Office 2007 重要组件之一。它可以进行各种数据的处理、统计、分析和辅助决策等一系列的操作，广泛应用于数据管理、财务、金融等众多领域。为了很好地掌握这一软件的使用方法，特设置下列学习任务。

■ 项目目标

1. 熟练创建、编辑、保存电子表格文件。
2. 熟练运用 Excel2007 对数据进行公式、函数的运算。
3. 根据电子表格文件创建形象的数据图表。
4. 综合应用所学知识，提高文员工作效率。

■ 项目分解

本项目可分解为 4 个学习任务，每个学习任务的名称和课时安排如表 2-1 所示。

表 2-1 项目分解

项目分解	学习任务名称	课时安排
任务 2.1	销售业绩图表制作	4
任务 2.2	学籍卡制作	4
任务 2.3	奖金审批表制作	4
任务 2.4	员工工资薪金表制作	4

任务 2.1 销售业绩图表制作

任务描述

利用 Excel 2007 提供的图表功能制作销售业绩图可以更加生动、直观地显示销售业绩数据间的差异，从而能更快速、简洁地说明公司销售业绩问题。当然，图表生成后还要经过编辑和修饰才能使整个图表的内容更加丰富，画面更加漂亮。本任务要求完成如下图表。

	A	B	C	D	E	F	G
1	中星公司计算机配件销售表（单位：万元）						
2	配件名称 销售地区	硬盘	声卡	显卡	光驱	主板	区总计
3	海淀区	1200	950	1220	880	920	
4	东城区	1000	730	890	1120	510	
5	西城区	800	640	1100	720	1450	
6	朝阳区	750	850	570	1120	730	
7	丰台区	1150	300	680	540	850	
8	配件合计						

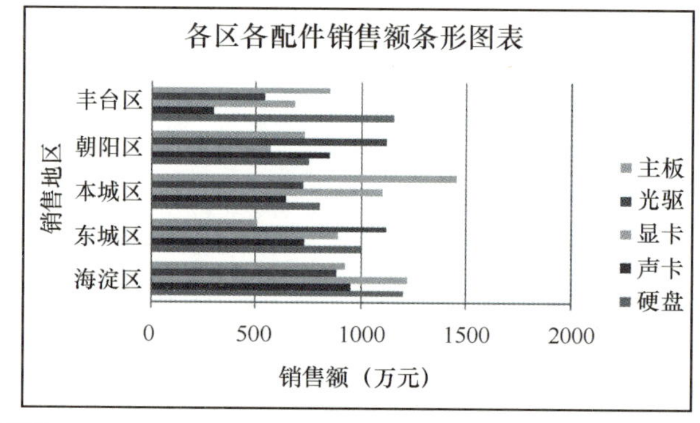

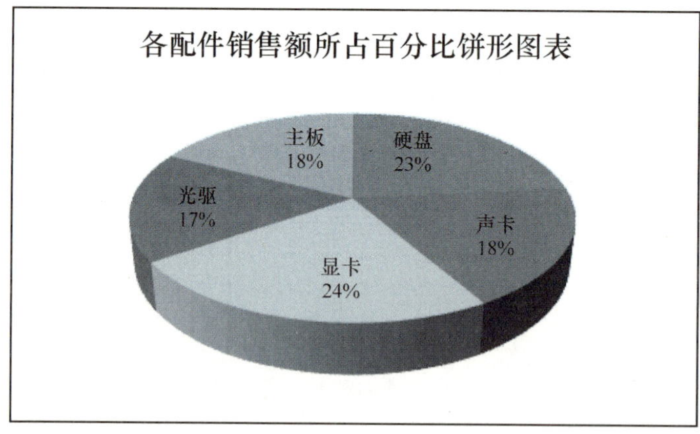

任务目标

1. 了解常见图表类型的功能和使用方法。
2. 熟练创建与编辑数据图表。
3. 熟练格式化数据图表。
4. 选用恰当的图表类型直观表达自己对数据分析、处理的想法和结论。

相关知识

1. 常见图表类型。Excel 2007 系统提供了 14 种图表类型，每种类型又提供了若干子类型。这 14 种图表类型可分为二维图表和三维图表两大类。其中，二维图表包括柱形图、条形图、面积图、折线图、饼图等；三维图表包括曲面图、气泡图、圆柱图、圆锥图等。

2. 图表元素。图表元素就是图表的构成对象。例如，图例、坐标轴、数据系列、图表标题、图表区、数据标志等。

3. 对于已建立的工作表，有 3 种方法可建立其图表：图表向导、自动绘图和用图表工具建立图表。一般采用图表向导创建图表，生成的图表可以嵌入到工作表中，称为内嵌图表；生成的图表单独作为一个工作表存在，称为独立图表。

2.1.1 任务操作

步骤 1 分析销售表，了解所制作销售图表的目的与制图所需的数据及图表所包含的元素构成，教师要引导学生熟悉图表向导的操作界面。

步骤 2 计算“区总计”列和“配件合计”行数据。

利用 Excel 2007 提供的快速求和功能对“区总计”列和“配件合计”行进行求和操作。

先选取 B3：G3 单元格区域，然后选择“公式”选项卡，单击“函数库”选项组中的“自动求和”按钮，在其下拉列表中选择“求和”命令，如图 2-1 所示；则完成求和操作。区总计和配件合计求和结果如图 2-2 所示。

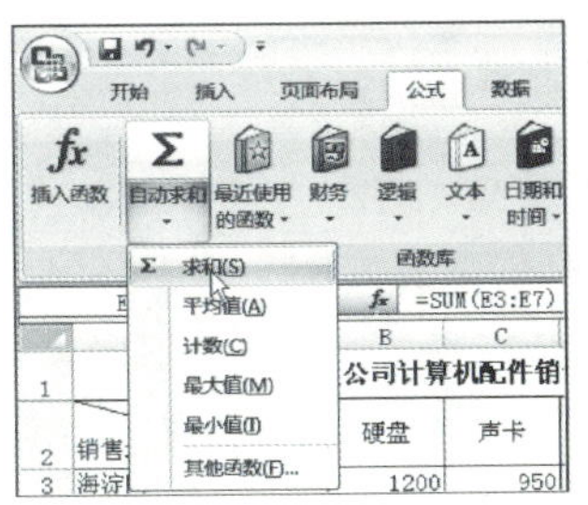

图 2-1 自动求和

	A	B	C	D	E	F	G
1	中星公司计算机配件销售表（单位：万元）						
2	配件名称 / 销售地区	硬盘	声卡	显卡	光驱	主板	区总计
3	海淀区	1200	950	1220	880	920	5170
4	东城区	1000	730	890	1120	510	4250
5	西城区	800	640	1100	720	1450	4710
6	朝阳区	750	850	570	1120	730	4020
7	丰台区	1150	300	680	540	850	3520
8	配件合计	4900	3470	4460	4380	4460	21670

图 2-2 求和结果

步骤 3 用簇状条形图表示各区各种配件的销售额。

（1）在“恒星公司计算机配件销售表”中选取 A2：F7 单元格区域，然后选择“插入”选项卡，在“图表”选项组中单击“条形图”按钮，在其下拉列表中选择簇状条形图表，如图 2-3 所示，生成的图表效果如图 2-4 所示。

（2）选择“图表工具”→“设计”选项卡，在“数据”选项组中单击“切换行 / 列”按钮，如图 2-5 所示，新建图表结果如图 2-6 所示。

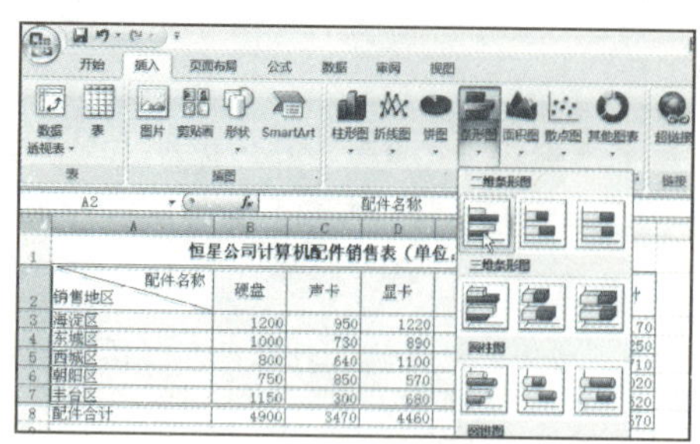

图 2-3　插入簇状条形图

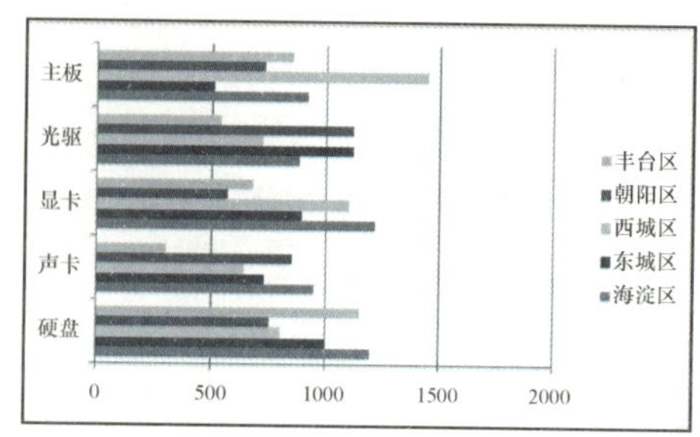

图 2-4　插入簇状条形图效果

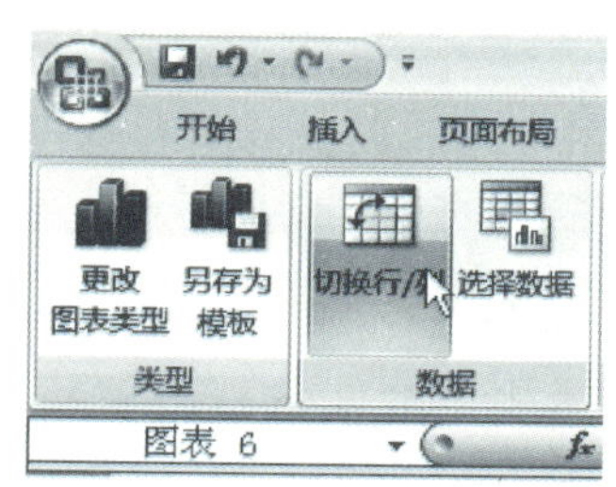

图 2-5　切换行 / 列

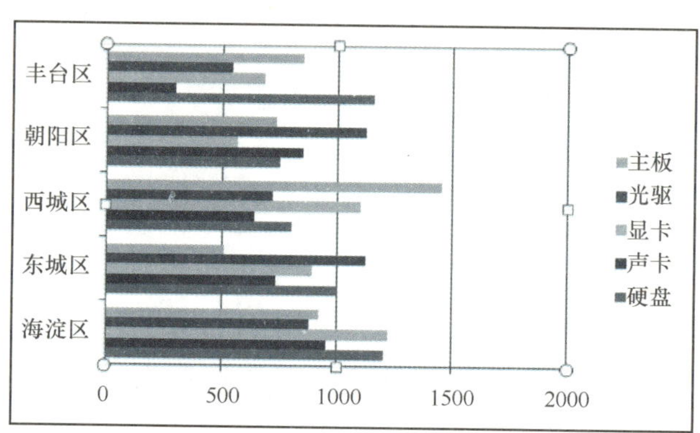

图 2-6　新建图表结果

（3）更改图表布局。选择“图表工具”→“设计”选项卡，在“图表布局”下拉列表中选择“布局 8”，如图 2-7 所示，生成效果如图 2-8 所示。

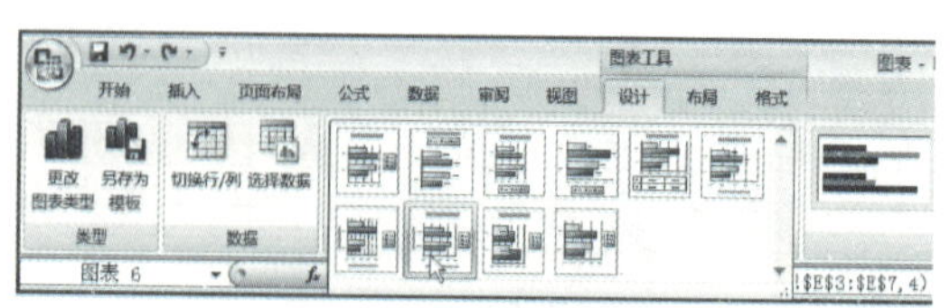

图 2-7　布局 8

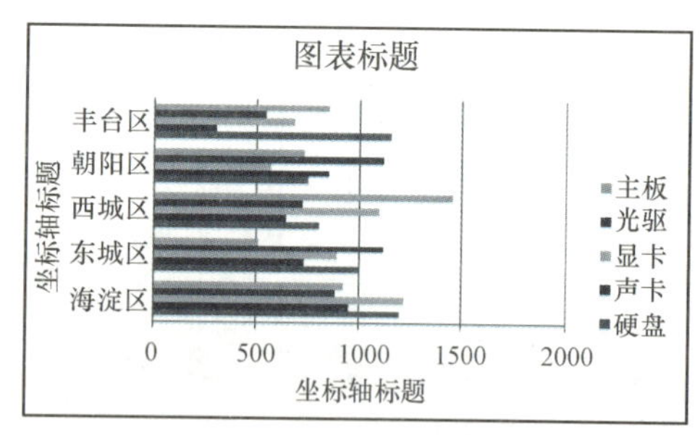

图 2-8　布局 8 效果

（4）输入图表标题为“各区各配件销售额条形图表”；输入横轴坐标标题为“销售额（万元）”；输入纵轴坐标标题为“销售地区”，效果如图 2-9 所示。

步骤 4　用三维饼形图表表示各种配件销售额在总销售额中所占比例。

（1）选取 A2：F2 单元格区域，再按住 Ctrl 键，选取 A8：F8 单元格区域，然后选择“插入”选项卡，在“图表”选项组中单击“饼图”按钮，在其下拉列表中选择“三维饼图”，如图 2-10 所示，效果如图 2-11 所示。

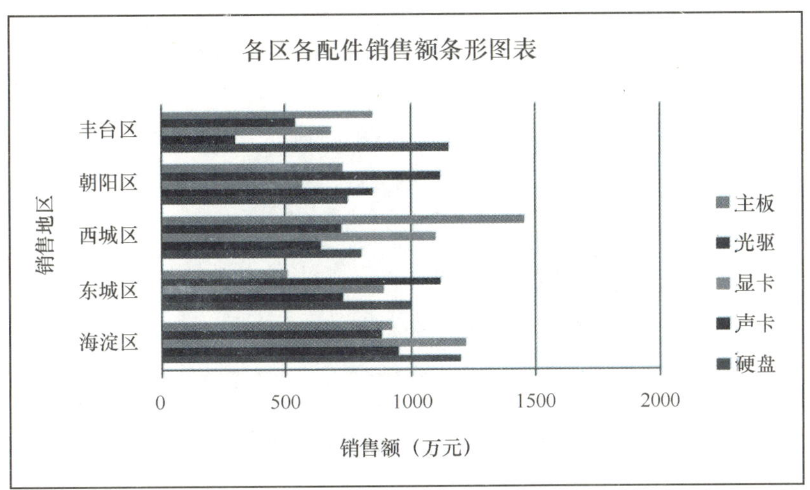

图 2-9　簇状条形图最终效果

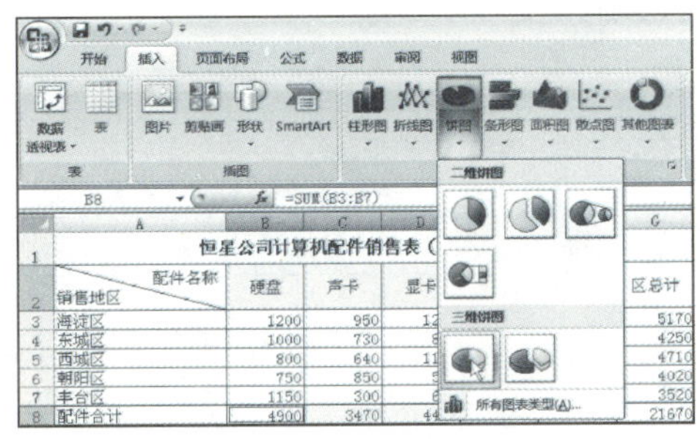

图 2-10　插入三维饼图

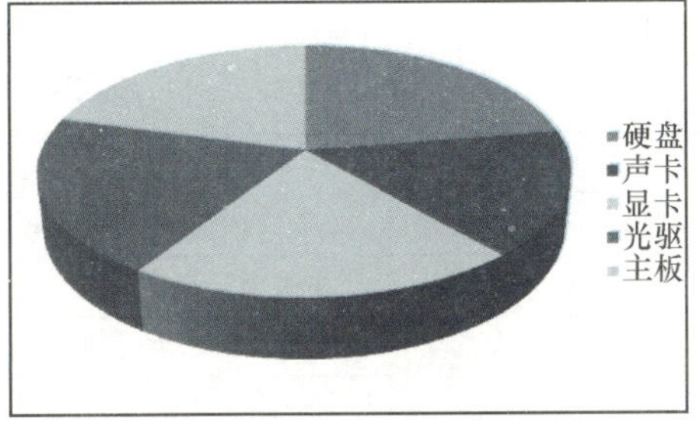

图 2-11　插入三维饼图效果

（2）更改图表布局。选择“图表工具”→“设计”选项卡，在“图表工具”布局下拉列表中选择“布局 1”，如图 2-12 所示，效果如图 2-13 所示。

图 2-12　布局 1

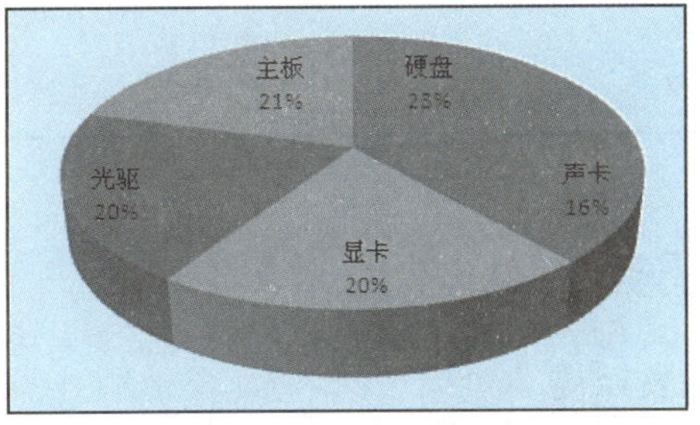

图 2-13　布局 1 效果

（3）输入图表标题为“各配件销售额所占百分比饼形图表”，效果如图 2-14 所示。

步骤 5　完成任务操作，保存文件。

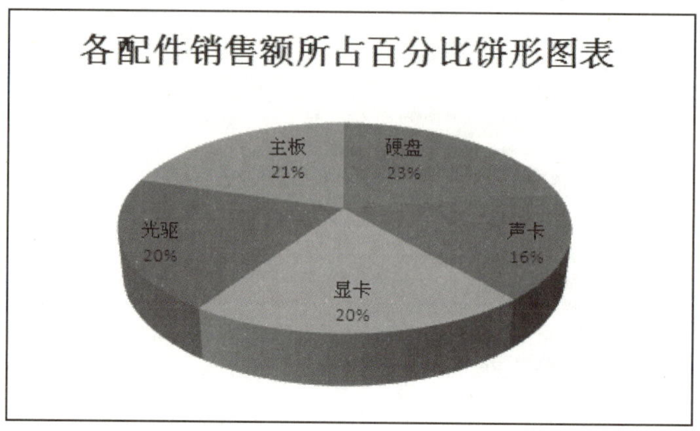

图 2-14　三维饼图最终效果

2.1.2　能力评价

根据个人任务完成的情况，实行个人自评，小组成员之间互评和教师评价，评价分优、良、中、差四个等级，请教师给出提升建议和综合评价（见表 2-2）。

表 2-2　能力评价

内　容			评　价		
评价项目		评价内容	自　评	小组间	教　师
知识掌握	应知应会	了解常见图表类型的功能和使用方法			
		创建与编辑数据表			
		格式化数据图表			
		选用恰当图表类型表达数据处理和结论			
专业能力	工作质量	1．能按规定时间完成			
		2．能正确使用图表向导完成任务			
	工作速度	在规定时间内完成本项任务			
工作与学习态度		能积极投入到任务工作中，认真完成本项任务			
提升建议：			综合评价：		

任务 2.2　学籍卡制作

任务描述

Excel 2007 是 Office 套装软件中的一个主要成员。人们可以通过 Excel 2007 电子表格解决日常生活、工作中的各种计算及统计分析问题。例如，企业职工的工资计算、学校学生成绩的计算和学生学籍卡及商业中商品销售统计等。总之，Excel 2007 电子表格可以帮助用户解脱乏味、重复的计算，专心于计算结果的分析。本任务要求完成如图 2-15 所示学籍卡制作。

（广东省高教厅中专处制）

学校（盖章）：中山市中等专业学校　办学类型：普通中专　专业：餐饮管理　年级：2002　班别：02餐饮　学制：3年　学生证号：9152002104　学号：09042002101

姓名	陈丽君	性别	女	民族	汉	籍贯	广东中山	出生年月	1987.4	政治面貌	团员	入学时间	2002	入学文化程度	初中	毕业证号：
家庭住址	板芙镇芙蓉路9号					家庭电话	6501406	邮政编码	528471	兴趣、特长	文艺、英语演讲		毕业去向			

学期	成绩＼课程	1 语文	2 英语	3 化学	4 数学	5 德育	6 体育	7 美育	8 食品营养	9 烹饪原料	10 烹饪概论	11 食品	12 礼仪	13 饭店设备管理	14 餐饮电脑管理	15 雕刻	16 烹饪美术	17 计应	18 会计原理	19 服务	20 经济法	21 服务语言	22 体形训练	23 面点面塑笔试	24 面点面塑操作	25 服务流程	26 餐饮服务与管理	27 餐厅服务师考证	28 餐饮财务营业	29 财务成本核算	30
1	考查				65		60		89																						
	考试	83	94	74		88																									
2	考查	90	88			88	78									70	68			70											
	考试				75					81	82	92	84																		
3	考查		84				82	85													85	88	76	95	75	86					
	考试	80																62	65										93	82	
4	考查					100	85							87	96												85	合格			
	考试		92																												
5	考查																														
	考试																														
6	考查																														
	考试																														
7	考查																														
	考试																														
8	考查																														
	考试																														
9	考查																														
	考试																														
10	考查																														
	考试																														
11	毕业成绩	84	89	74	70	91	76	85	89	81	82	92	84	87	96	70	68	62	65	70	88	88	76	95	75	86	85	合格	92	82	

入学考试成绩	总分	政治	语文	数学	物理	化学	历史	地理	生物	外语	体育	照片
	790	73	82	95	76	76	85	90	95	98	20	

个人简历	何年何月至何年何月	在何地何学校或何单位任何职务
	1993.9-1999.7	板芙小学
	1999.9-2002.7	板芙中学
	2002.9-2005.7	中山中专

家庭主要成员	称谓	姓名	年龄	政治面貌	工作单位和职务
	父亲	陈胜添		群众	个体
	母亲	黄连好		群众	个体

补考	科目	成绩	科目	成绩

说明：1. 此表由学校填写一式两份，一份放入学生的档案，一份经毕业证书验印后留校存档。 2. 办学类型：普通中专，成人中专。

图 2-15 学籍卡示例

■ 任务目标

1. 掌握创建、编辑和保存电子表格文件的方法。
2. 掌握格式化工作表的方法。
3. 掌握复杂表格的制作方法。
4. 掌握数据表打印预览和打印输出。

2.2.1 任务操作

步骤 1 理解整个学籍卡表格的整体内容和结构。

步骤 2 新建一个 Excel 2007 空白文档。

步骤 3 创建复杂表格的原则：从上到下，从左到右进行创建，如“家庭住址”包含一行二列。

步骤 4 页面设置。选择“页面布局”选项卡，在“页面设置”选项组中设置纸张大小为“A4”；纸张方向为“横向”。上下左右页边距都为“1 厘米”。

步骤 5 标题设置。选择“页面布局”选项卡，单击“页面设置”对话框启动器，弹出“页面设置”对话框，选择“页眉 / 页脚”选项卡，如图 2-16 所示，单击“自定义页眉”按钮，弹出“页眉”对话框，如图 2-17 所示。在居中位置输入“广东省中等专业学校学生学籍卡”，并设置字体为宋体、加粗、18 号字，单击“确定”按钮，完成操作。

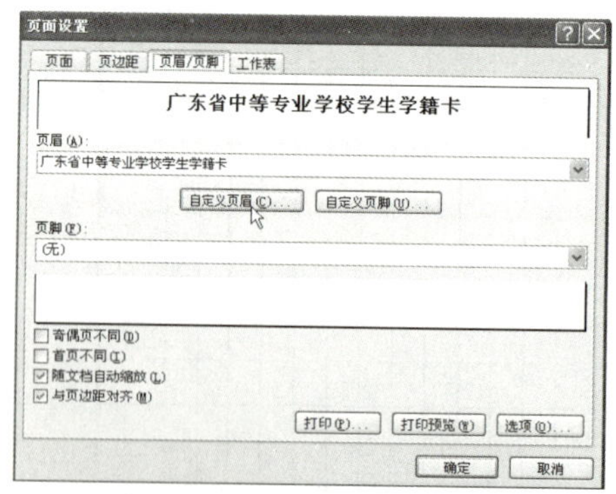

图 2-16 “页眉 / 页脚”选项卡

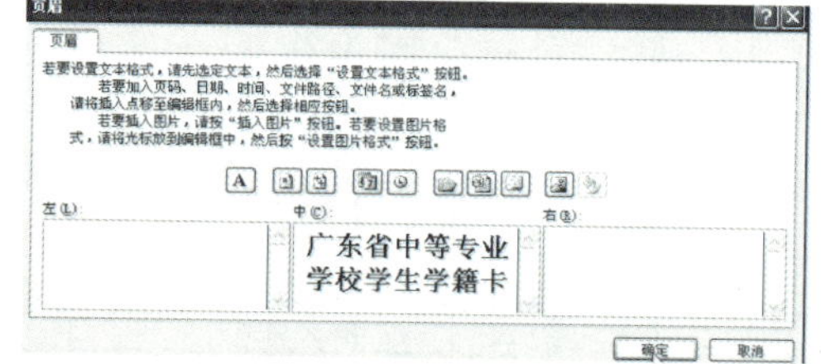

图 2-17 “页眉”对话框

步骤 6 正文字体设置。设置正文字体为“宋体”、“8 号字”。

步骤 7 绘制斜线表头。按照图 2-18 所示合并单元格。选择“插入”选项卡，在“插图”选项组中单击“形状”按钮，在其下拉列表中选择“直线”，在单元格中绘制斜线。然后分别插入两个垂直文本框和一个横排文本框，并输入文字。设置文本框的填充颜色为“无颜色”，线条颜色为“无颜色”，完成效果如图 2-18 所示。

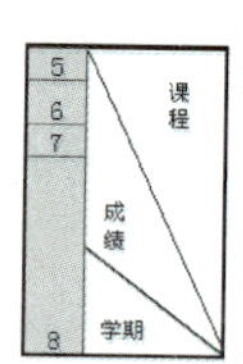

图 2-18 斜线表头

步骤 8 合并单元格。在 Excel 2007 中可以合并单元格，或取消单元格合并，不能拆分单元格。

步骤 9 设置行高和列宽。用鼠标调整行高和列宽，将鼠标指针移至行号区所选数字的下边框，指针变为一条直黑短线和两个反向的垂直箭头时，按住鼠标左键拖动可以调整行高。将鼠标指针移至列标区所选字母的右边框，指针变为一条直黑短线和两个双向水平箭头时，按住鼠标左键拖动可以调整列宽。

步骤 10 垂直文字的设置。右击垂直文字的单元格，在弹出的快捷菜单中选择“设置单元格格式”命令，弹出“单元格格式”对话框，选择“对齐”选项卡，选择“方向”选项区域中的中垂直“文本”，如图 2-19 所示，然后单击“确定”按钮，效果如图 2-20 所示。

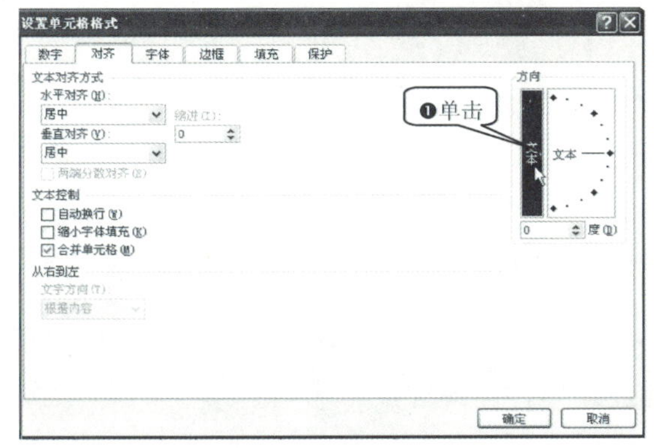

图 2-19 “对齐”选项卡

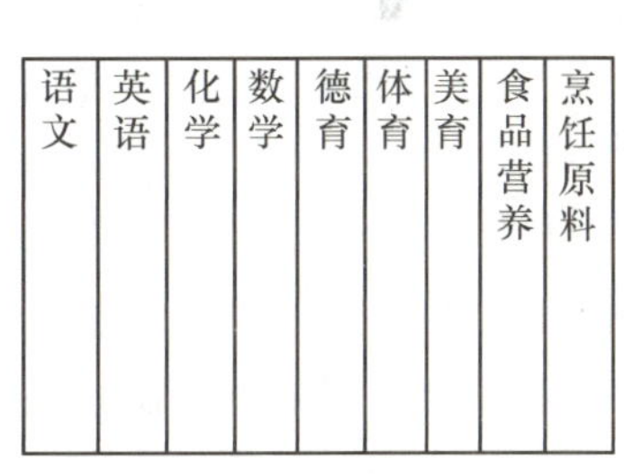

语文	英语	化学	数学	德育	体育	美育	食品营养	烹饪原料

图 2-20 垂直文字效果

步骤 11 自动换行设置。右击该单元格，在弹出的快捷菜单中选择“设置单元格格式”命令，弹出“设置单元格格式”对话框，选择“对齐”选项卡，勾选“自动换行”复选框，如图 2-21 所示，然后单击“确定”按钮，效果如图 2-22 所示。

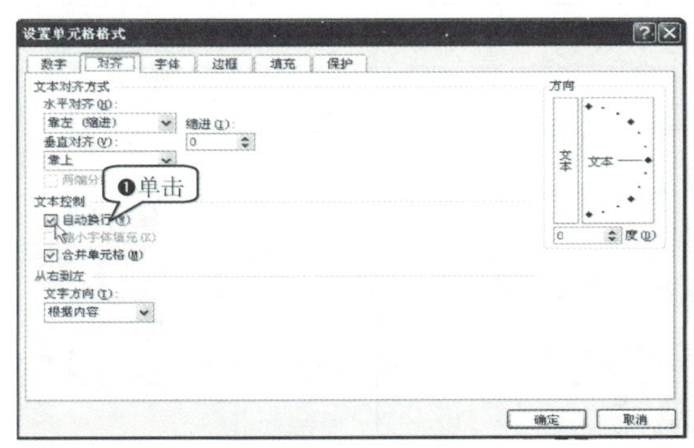

图 2-21 自动换行

1. 此表由学校填写一式两份，一份放入学生的档案，一份经毕业证书验印后留校存档。2. 办学类型：普通中专，成人中专

图 2-22 自动换行效果

步骤 12 文本对齐方式。右击单元格选项卡，在弹出的快捷菜单中选择“设置单元格格式”命令，弹出“设置单元格格式”对话框，选择“对齐”选项卡，在“水平对齐”下拉列表中选择“居中”选项，在“垂直对齐”下拉列表中选择“居中”选项，如图 2-23 所示，单击“确定”按钮完成操作。

步骤 13 设置表格边框。选中整个表格，选择“开始”选项卡，在“字体”选项组中单击“下框线”下拉按钮，在其下拉列表中选择“所有框线”选项，如图 2-24 所示。

步骤 14 完成任务操作，保存文件。

图 2-23 文本居中对齐

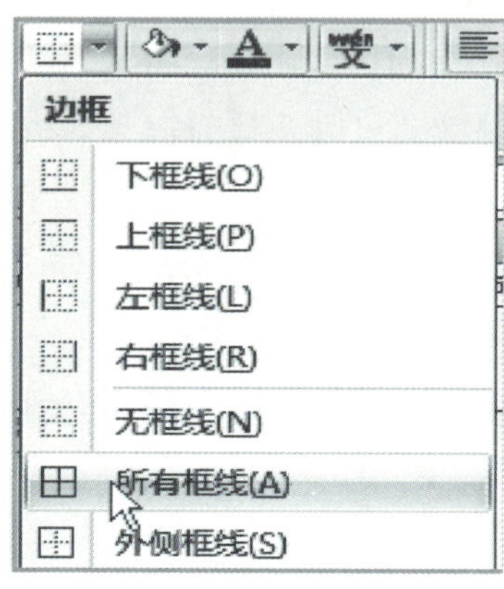

图 2-24 所有框线

2.2.2 能力评价

根据个人任务完成的情况，实行个人自评，小组成员之间互评和教师评价，评价分优、良、中、差四个等级，请教师给出提升建议和综合评价（见表 2-3）。

表 2-3 能力评价

内容			评价		
评价项目		评价内容	自评	小组间	教师
知识掌握	应知应会	创建、编辑和保存电子表格文件的方法			
		格式化工作表的方法			
		复杂表格的制作方法			
		数据表打印预览和打印输出			
专业能力	工作质量	1．能按规定时间完成			
		2．能通过格式化表格来修饰美化表格			
	工作速度	1．在规定时间内完成本项任务			
		2．提前完成或推迟完成			
工作与学习态度		能积极投入到任务工作中，认真完成本项任务			
提升建议：			综合评价：		

任务 2.3　奖金审批表制作

任务描述

Excel 2007 功能强大，在表格中当中可进行批注编辑，以注明或补充说明表格中的信息；还可对表中的信息数据进行程序编辑，让自动生成人们想要的结果。本任务要求完成图 2-25 所示的奖金审批表制作。

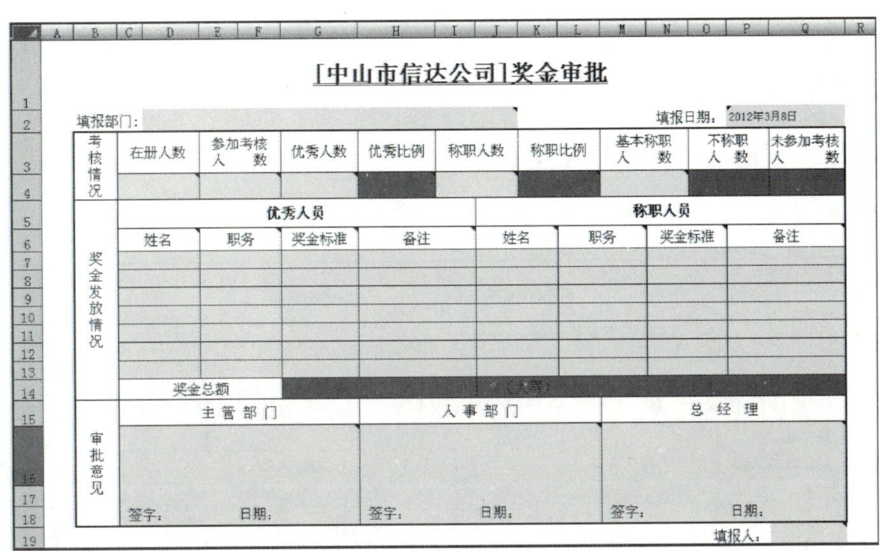

[中山市信达公司]奖金审批

填报部门:　　　　填报日期：2012年3月8日

考核情况	在册人数	参加考核人数	优秀人数	优秀比例	称职人数	称职比例	基本称职人数	不称职人数	未参加考核人数

奖金发放情况	优秀人员				称职人员			
	姓名	职务	奖金标准	备注	姓名	职务	奖金标准	备注
	奖金总额	（大写）						

审批意见	主管部门	人事部门	总经理
	签字：　日期：	签字：　日期：	签字：　日期：

填报人：

图 2-25　奖金审批表示例

任务目标

1．熟练创建、编辑、保存电子表格文件。

2．熟练掌握创建批注。

3．熟练运用 Excel 2007 对数据进行公式、函数的运用。

4．熟练掌握单元格数据保护设置。

相关知识

1．批注。有时候需要在 Excel 2007 单元格中添加大量数据，这样往往会导致无法区分一些数据的用意，这个时候就可以利用 Excel 2007 中的批注功能给 Excel 2007 加上标注，然后写上说明，每当将鼠标指针放到加批注的单元格上就可以清楚地看到标注的信息。当然，批注用处很广，作为一名职业办公人员来说是必备知识。

2．函数的构成。Excel 2007 函数一般由两部分组成：函数名称和括号内的参数。函数的参数可以是数字、文本、单元格引用等，给定的参数必须能够产生有效的值。

2.3.1 任务操作

步骤 1 新建一个 Excel 2007 空白文档。

步骤 2 页面设置。设置纸张大小为“A4”，纸张方向为“横向”，上下左右页边距均为“2 厘米”。

步骤 3 按以上任务输入各单位格中的内容，并以任务为参照，对行高列宽进行调整。

步骤 4 设置字体。设置标题字体为“宋体、加粗、20 号”，其他文字为“宋体、12 号”。

步骤 5 设置各单元格颜色。

步骤 6 设置批注。选中需要设置批注的单元格，然后选择“审阅”选项卡，在“批注”选项组中单击“新建批注”按钮，然后在批注框中输入批注内容即可。逐个完成图 2-26 所示批注。

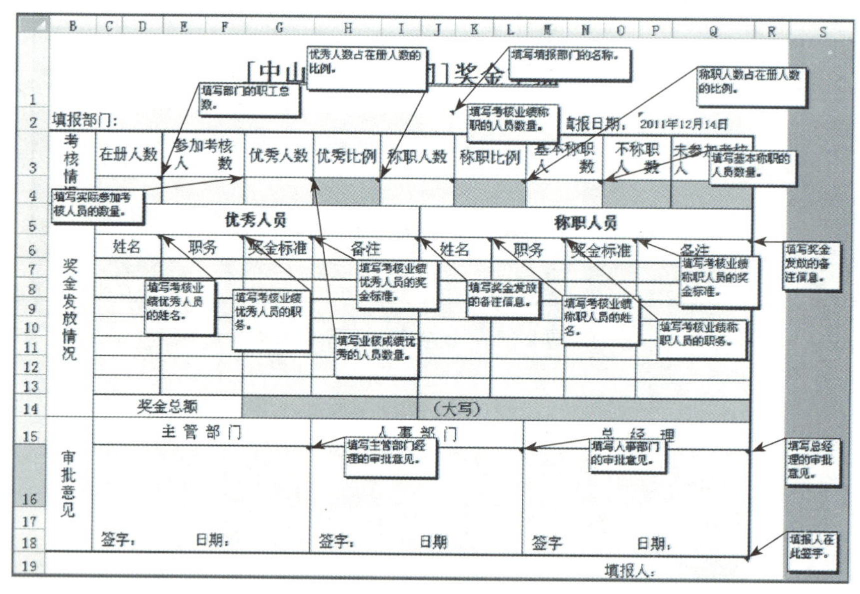

图 2-26 添加批注

步骤 7 设置以下计算公式。

（1）优秀比例 = 优秀人数 / 在册人数

=IF（C4>0, G4/C4,""）

（2）称职比例 = 称职人数 / 在册人数

=IF（C4>0, I4/C4,""）

（3）不称职人数 = 参加考核人数 − 优秀人数 − 称职人数 − 基本称职人数

（4）未参加考核人数 = 在册人数 − 参加考核人数

（5）奖金总额 = 所有奖金标准相加

=SUM（G7: G13, N7: O13）

(6) 填报日期：利用函数 Today（ ）自动填写当天日期

=TODAY（ ）

(7) 小写转换成大写

其中，在 L14 单位格中的计算公式如下。

=IF(G14=0,""&IF(G14=0,"",IF((G14-ROUND(G14,0))=0,(TEXT(INT(G14),"[DBnum2]")&"元　整"),(TEXT(INT(G14),"[DBnum2]")&"元")&IF((RIGHT(G14,2)-RIGHT(G14,1))=0,"零",TEXT(ROUND((INT(((G14-INT(G14))*100)-RIGHT(G14,1))/10),0),"[dbnum2]")&"角")&IF((G14*10-INT(G14*10))=0,"",TEXT(ROUND(((G14*10-INT(G14*10))*10),0),"[dbnum2]")&"分")&"整")),""&IF(G14=0,"",IF((G14-ROUND(G14,0))=0,(TEXT(INT(G14),"[DBnum2]")&"元　整"),(TEXT(INT(G14),"[DBnum2]")&"元")&IF((RIGHT(G14,2)-RIGHT(G14,1))=0,"零",TEXT(ROUND((INT(((G14-INT(G14))*100)-RIGHT(G14,1))/10),0),"[dbnum2]")&"角")&IF((G14*10-INT(G14*10))=0,"",TEXT(ROUND(((G14*10-INT(G14*10))*10),0),"[dbnum2]")&"分"))))

步骤 8　设置单元格保护。

(1) 设置固定内容的单元格锁定保护（白色和橙色单元格）。选中所有白色和橙色单元格并右击，在弹出的快捷菜单中选择“设置单元格格式”命令，弹出“自定义序列”对话框，选择“保护”选项卡，勾选“锁定”复选框，设置完毕，如图 2-27 所示。

(2) 对需要输入数据的单元格不进行锁定保护（黄色单元格）。选中所有黄色单元格并右击，在弹出的快捷菜单中选择“设置单元格格式”命令，弹出“自定义序列”对话框，选择“保护”选项卡，取消勾选“锁定”复选框，设置完毕，如图 2-28 所示。

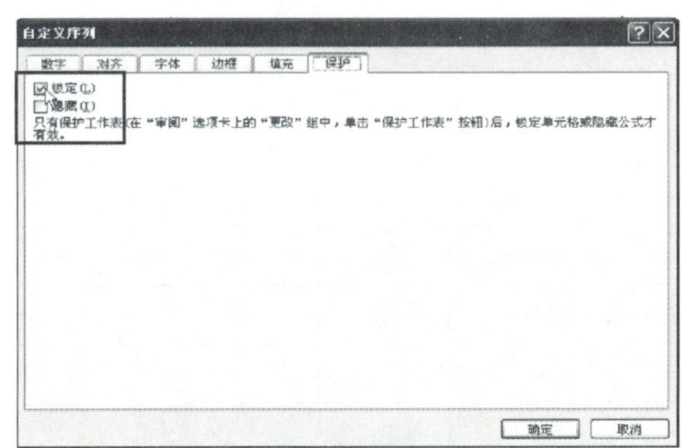

图 2-27　锁定保护

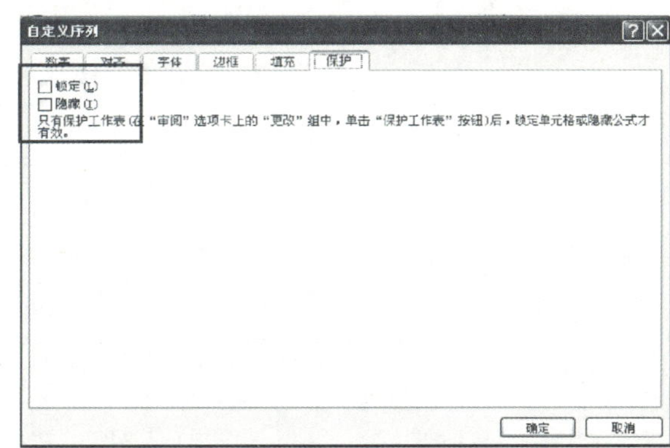

图 2-28　取消锁定保护

(3) 设置 H4、K4 单元格格式为百分比，保留 2 位小数。选中 H4 和 K4 单元格，选择“开始”选项卡，在“数字”选项组中单击“百分比样式”按钮和“增加十数位数”按钮，保留 2 位小数，如图 2-29 所示。

(4) 设置部分单元格为“货币”格式。设置 G7—G14 和 N7—N14 为货币格式。

（5）设置保护工作表。选择“审阅”选项卡，在“更改”选项组中单击“保护工作表”按钮，如图 2-30 所示，弹出“保护工作表”对话框，设置如图 2-31 所示。同时也可以设置密码（如果设置了密码，只有输入密码才可以取消工作表保护）。

步骤 9 完成任务操作，保存文件。

图 2-29 “数字”选项组

图 2-30 “更改”选项组

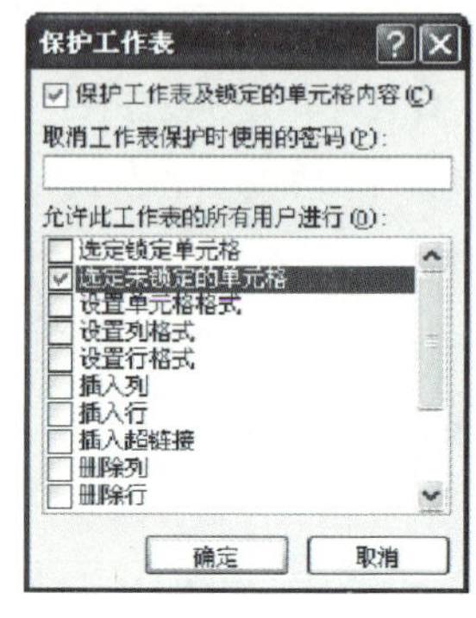

图 2-31 “保护工作表”对话框

2.3.2 能力评价

根据个人任务完成的情况，实行个人自评，小组成员之间互评和教师评价，评价分优、良、中、差四个等级，请教师给出提升建议和综合评价（见表 2-4）。

表 2-4 能力评价

内容			评价		
评价项目		评价内容	自评	小组间	教师
知识掌握	应知应会	创建、编辑和保存电子表格文件			
		创建批注			
		运用Excel 2007对数据进行公式、函数的运用			
		单元格数据保护设置			
专业能力	工作质量	1．能按规定时间完成			
		2．能按要求完成各项操作			
		3．能通过格式化表格来修饰美化表格			
	工作速度	1．在规定时间内完成本项任务			
		2．提前完成或推迟完成			
工作与学习态度		能积极投入到任务工作中，认真完成本项任务			
提升建议：			综合评价：		

任务 2.4 员工工资薪金表制作

任务描述

新个人所得税法的颁布实施已经为国家财政收入和调节个体收入差异起到了积极的作用。个人所得税的征收管理工作仍不很理想，而计算个人所得税的工作量较大不能不说是其中的一个重要原因。个人所得税计算的工作量大，其实多数指的是对“工资薪金所得”项目个人所得税的计算。因为，每一个单位少则几十人，多则几百人，每个月都要算一下哪些人要缴个人所得税，应缴纳多少金额等，实在不是一件轻松的事。使用 Excel 2007 的 IF 函数自动计算个人所得税就容易多了。本任务要求完成图 2-32 所示员工工资薪金表制作。

员工工资薪金表

编号	姓名	部门	基本工资	奖金	津贴	书报费	洗理费	应付工资	所得税	房租水电	实发工资
1	张红	办公室	1700	490	500	200	100			21.41	
2	王涛	办公室	2100	520	300	200	100			15.42	
3	李海	办公室	1800	800	500	200	100			47.23	
4	赵明	财务部	2100	600	600	200	100			25.23	
5	钱珊	财务部	1800	600	600	200	100			25.23	
6	王敏	人事部	12000	12000	1000	100	100			26.23	
7	蒋立	人事部	11000	11000	4000	100	100			23.56	
8	徐勇	一车间	10000	10000	7000	100	100			26.26	
9	魏雪	一车间	14000	7000	7000	100	100			26.33	
10	袁刚	一车间	13000	7000	7000	100	100			36.52	
11	吴强	一车间	11000	8000	9000	100	100			26.63	
12	赵民	二车间	12000	1000	11000	100	100			22.63	
13	张山	二车间	13000	1000	15000	100	100			65.96	
14	马毅	二车间	13000	1000	15000	100	100			33.55	
15	胡华	二车间	14000	15000	3000	100	100			33.22	
16	江雨	仓库	2600	700	900	100	100			66.22	
17	杜星	仓库	4300	750	750	100	100			52.45	
18	姚平	工会	3000	2000	2000	200	100			21.55	
19	杨玲	工会	4000	2000	2000	200	100			33	
20	孙业	仓库	2500	1000	600	0	100			0	
21	郭伟	仓库	2800	1000	300	0	0			0	
22	李辉	仓库	4500	1500	1000	100	100			22.63	
23	陈军	运输队	4500	1500	1000	100	100			21.69	
24	严波	运输队	4000	1000	1000	100	100			32.52	
25	胡朋	退休部	800							20.41	
26	柳慧	退休部	900							22.5	
合计			166400	87460	91050	2900	2300			748.38	

图 2-32 员工工资薪金表示例

任务要求

1．用 Excel 2007 创建员工工资薪金表。

2．设置格式。

（1）表格主标题“员工工资薪金表”字体格式为“20 号隶书、加粗，居中”。

（2）表格列标题字体格式为“12 号宋体，加粗，居中。”

（3）表格外边框线为双线，内边框为细单线。

3．表格公式计算。

（1）应付工资＝基本工资＋奖金＋津贴＋书报费＋洗理费。

（2）利用 IF（ ）函数计算“所得税”列数据，税率表见表 2-5。

（3）实发工资＝应付工资－所得税－房租水电。

（4）制作工资条。（利用 Word 2007 邮件合并功能完成）

表 2-5　个人所得税税率表（工资、薪金所得适用）

级数	含税级距	税率（%）	速算扣除数
0	不超过0	0	0
1	不超过1500元的	3	0
2	超1500元至4500元的部分	10	105
3	超过4500元至9000元的部分	20	555
4	超过9000元至35000元的部分	25	1005
5	超过35000元至55000元的部分	30	2755
6	超过55000元至80000元的部分	35	5505
7	超过80000元的部分	45	13505

注：最新个人所得税税率表 2011（起征点 3500 元）

任务目标

1．掌握工资表的创建。

2．掌握 IF 函数的使用。

3．掌握工资条的制作。

相关知识

1．函数表达式：IF（条件，真值，假值）

2．IF 函数除了遵守一般函数的通用规则以外，还有其特有的注意事项。

（1）括号必须成对，上下对应。

（2）IF 函数最多允许出现 8 个返回值（结果），也就意味着最多套用 7 个 IF。

（3）单个格式如下：＝IF（条件 1，返回值 1，返回值 2）。多个嵌套的格式：=IF（条件 1，返回值 1，IF（条件 2，返回值 2，IF（条件 3，返回值 3，返回值 4）））。这里先写 3 层嵌套，4、5、6、7 层同理。

2.4.1　任务操作

步骤 1　新建 Excel 2007 空白文档。

步骤 2　参考样本，创建员工工资薪金表。

步骤 3　设置表格主标题“工资表”字体格式为“20 号隶书、加粗，居中”。

步骤 4　设置表格列标题字体格式为“12 号宋体，加粗，居中”。

步骤 5　选择“开始”选项卡，在“字体”选项组中单击“下框线”下拉按钮，在其下拉列表中选择“所有框线”命令，弹出“设置单元格格式”对话框，在其中设置表格外边框线为双线，内边框为细单线。

步骤 6　设置公式。应付工资＝基本工资＋奖金＋津贴＋书报费＋洗理费，自动计算“应付工资”列数据。

步骤 7　利用 IF( ) 函数计算“所得税”列数据，如表 2-6 所示。

表 2-6　利用 IF( ) 函数计算个人所得税

IF(条件，真值，假值)

级　数	含税级距	税率/%	速算扣除数	函数公式
0	不超过0	0	0	IF(i3-3500<0,(i3-3500)*0-0,
1	不超过1500元的	3	0	IF(i3-3500<1500,(i3-3500)*0.03-0,
2	超1500元至4500元的部分	10	105	IF(i3-3500<4500,(i3-3500)*0.1-105,
3	超过4500元至9000元的部分	20	555	IF(i3-3500<9000,(i3-3500)*0.2-555,
4	超过9000元至35000元的部分	25	1005	IF(i3-3500<35000,(i3-3500)*0.25-1005,
5	超过35000元至55000元的部分	30	2755	IF(i3-3500<55000,(i3-3500)*0.3-2755,
6	超过55000元至80000元的部分	35	5505	IF(i3-3500<80000,(i3-3500)*0.35-5505,
7	超过80000元的部分	45	13505	

计算公式如下：

=If(i3-3500<0,(i3-3500)*0-0, If(i3-3500<1500,(i3-3500)*0.03-0, If(i3-3500<4500,
(i3-3500)*0.1-105, If(i3-3500<9000,(i3-3500)*0.2-555, If(i3-3500<35000,
(i3-3500)*0.25-1005,If(i3-3500<55000,(i3-3500)*0.3-2755,
If(i3-3500<80000,(i3-3500)*0.35-5505,)))))))

步骤 8　设置公式。实发工资＝应付工资－所得税－房租水电，自动计算“实发工资”列数据。

步骤 9　制作工资条，如图 2-33 所示。（利用 Word 2007 邮件合并功能完成）

步骤 10　完成任务操作，保存文件。

序号	姓名	部门	基本工资	奖金	津贴	书报费	洗理费	应付工资	所得税	租房水电	实发工资
1	张红	办公室	1700	490	500	200	100	2990	0	21.41	2968.59

序号	姓名	部门	基本工资	奖金	津贴	书报费	洗理费	应付工资	所得税	租房水电	实发工资
2	王涛	办公室	2100	520	300	200	100	3220	0	15.42	3204.58

图 2-33　工资条示例

2.4.2 能力评价

根据个人任务完成的情况，实行个人自评，小组成员之间互评和教师评价，评价分优、良、中、差四个等级，请教师给出提升建议和综合评价（见表 2-7）。

表 2-7 能力评价

内容			评价		
评价项目		评价内容	自评	小组间	教师
知识掌握	应知应会	工资表的创建			
		IF函数的使用			
		工资条的制作			
专业能力	工作质量	1．能按时创建表格			
		2．能按要求完成操作任务			
		3．能设置IF函数公式计算个人所得税			
	工作速度	1．在规定时间内完成本项任务			
		2．提前完成或推迟完成			
工作与学习态度		能积极投入到任务工作中，认真完成本项任务			
提升建议：			综合评价：		

综合实训

综合实训 1 制作产品市场的占有率情况图表

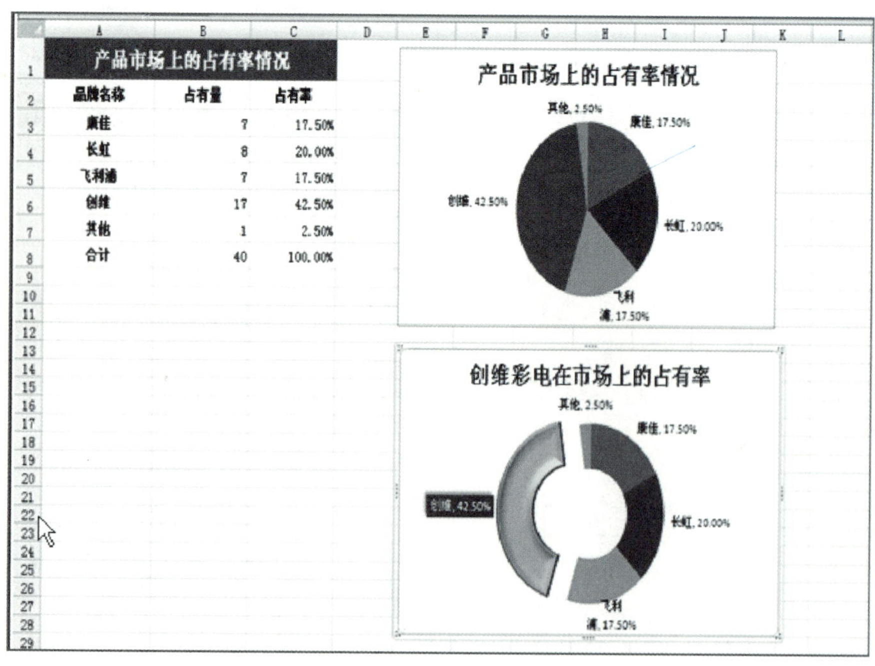

图 2-34 品牌彩电市场占有率

综合实训 2 制作理想价位分析图表

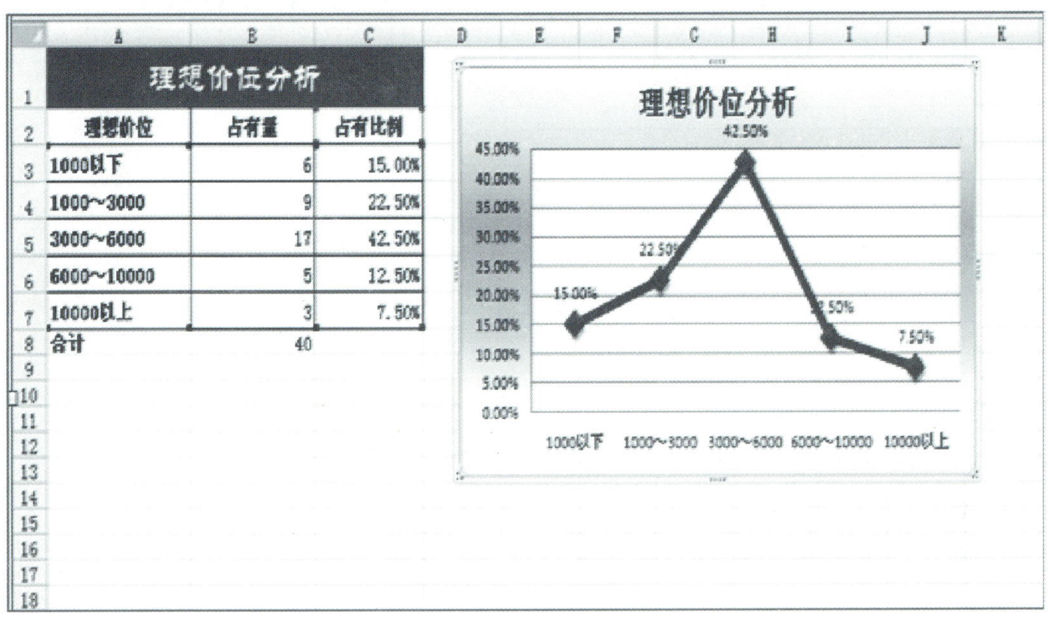

理想价位分析		
理想价位	占有量	占有比例
1000以下	6	15.00%
1000~3000	9	22.50%
3000~6000	17	42.50%
6000~10000	5	12.50%
10000以上	3	7.50%
合计	40	

图 2-35 彩电理想价位分析

综合实训 3 个税速算表制作

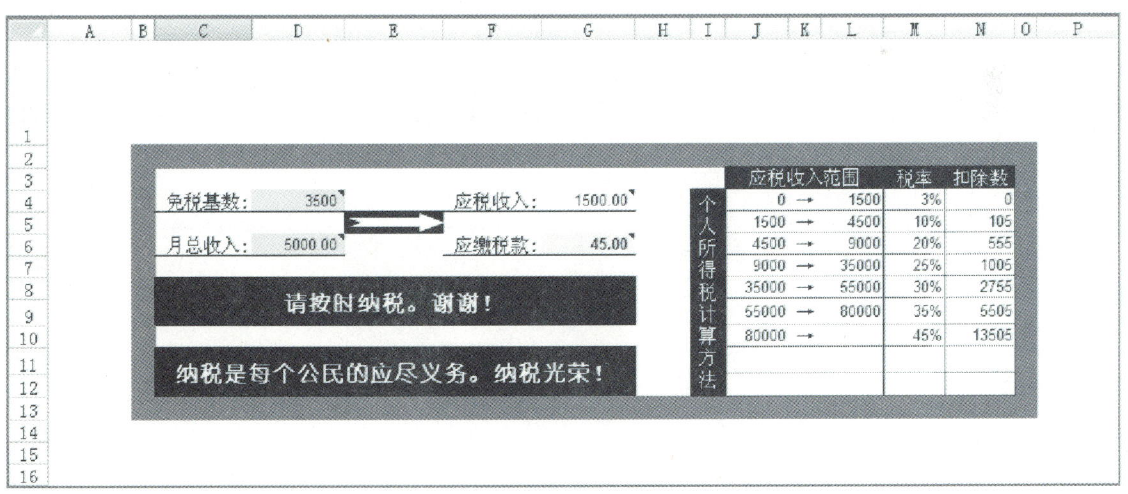

免税基数：	3500	应税收入：	1500.00
月总收入：	5000.00	应缴税款：	45.00

请按时纳税。谢谢！

纳税是每个公民的应尽义务。纳税光荣！

个人所得税计算方法

应税收入范围			税率	扣除数
0	→	1500	3%	0
1500	→	4500	10%	105
4500	→	9000	20%	555
9000	→	35000	25%	1005
35000	→	55000	30%	2755
55000	→	80000	35%	5505
80000	→		45%	13505

图 2-36 个税速算表

项目 3 批量制作 Word 文档

项目引入

在实际工作中，经常需要批量制作一些文档，如客户信函、针对员工个人的通知、成绩通知单、信封、文件柜上的标签等。Word 针对此需要特别提供了邮件合并功能，帮助用户更有效地完成批量制作的任务。邮件合并，简单地讲就是可以制作批量文件的工具、工资条、成绩单等。邮件合并就是在主文档的固定内容中合并与发送信息相关的一组通信资料，批量生成需要的文档。

项目目标

1．了解邮件合并的概念。
2．了解主文档、数据源和域的概念。
3．掌握邮件合并的应用范围。
4．掌握邮件合并基本过程。

项目分解

本项目可分解为 3 个学习任务，每个学习任务的名称和课时安排如表 3-1 所示。

表 3-1　项目分解

序号	学习任务名称	课时安排
任务3.1	批量制作学生成绩通知单	2
任务3.2	批量制作信封	2
任务3.3	批量制作员工工资条	2

相关知识

1．邮件合并的概念

在学习使用邮件合并功能之前，先对邮件合并的基本概念进行必要的了解。邮件合并是 Word 中制作批量文件所使用的一项功能。之所以命名为邮件合并，起因是这项功能原本就是为了批量生成信封等与邮件相关的文档而设计的，而之后此功能越来越为用户所知所用时，这项功能的作用已不仅仅局限于邮件方面，只是这个名字却沿用了下来。

在邮件合并中还会涉及以下几个重要的概念，即数据源、主文档和域。下面就对这 3 个概念进行分别讲解。

(1) 数据源。数据源是批量制作文档时使用的数据文件，可以是已有数据的Excel表、Access数据表，也可以在使用邮件合并功能时手动输入创建。

(2) 主文档。在使用邮件合并时，除了有数据源之外，还需要制作主文档。主文档的内容包括邮件的固定内容，一般是设定好格式的文本文档，如Word文档等。主文档的形式与模板文档类似，熟悉模板制作的读者可对两者进行对比，可以发现它们的操作和设置基本相同。

(3) 域。主文档中还包括引入源数据的域信息。域可以在文档中代替可变化的信息。从根本上讲，“域”是一种Word中可以使用的代码，其具备程序代码的部分功能，可以说是简单版的程序代码。普通用户不需要深入了解域的代码如何编写及为什么要如此设置，只需要清楚如何利用“域”来完成需求即可。在本章中将利用“域”将数据源中的相关数据引入主文档中。

2. 邮件合并的使用范围

首先，并不是只有进行关于邮件的操作时才使用邮件合并功能。只要满足下面两个条件的文档，都可以使用邮件合并功能。

(1) 制作批量的文档。

(2) 批量文档的大部分内容是固定的，同时伴有小部分可变内容。可变部分可以以数据表的形式按一定的规则存放。

如学生成绩通知单，这是发给每个学生，让学生带给家长的学生成绩通知单，学生每人一份，共需制作60份；可以看到在这份学生成绩通知单中，学生的姓名、学号和成绩是每份都不同的，而其他内容则完成相同。

3. 邮件合并的基本过程

不论使用邮件合并制作什么文档，其操作过程都分为以下3个部分，将这3个部分掌握好，也就抓住了邮件合并的重点，可以举一反三、轻松应用。

(1) 建立主文档。主文档的主要内容就是前面提到的固定不变的主体内容，如信封中的落款、信函中的对每个收信人都不变的内容，学生成绩通知单中的各门课的名称和班级等。

(2) 准备好数据源。数据源就是含有标题行的数据记录表，其中包含着相关的字段和记录内容。数据源表格可以是Word、Excel、Access或Outlook中的联系人记录表。

(3) 将数据源合并到主文档中。前面的准备工作做好之后，即可将数据源中的相应字段合并到主文档的固定内容之中，表格中的记录行数决定着主文件生成的份数。整个合并操作过程将利用“邮件合并向导”进行，使用非常简单。

任务 3.1　批量制作学生成绩通知单

任务描述

运用 Word 2007 的“邮件合并”功能可以轻松地将 Excel 中的学生成绩册转换成想要的成绩通知单，并且通知单上的格式、科目、大小可任意设置，即可打印出想要的通知单。本任务要求完成图 3-1 所示学生成绩通知单批量制作。

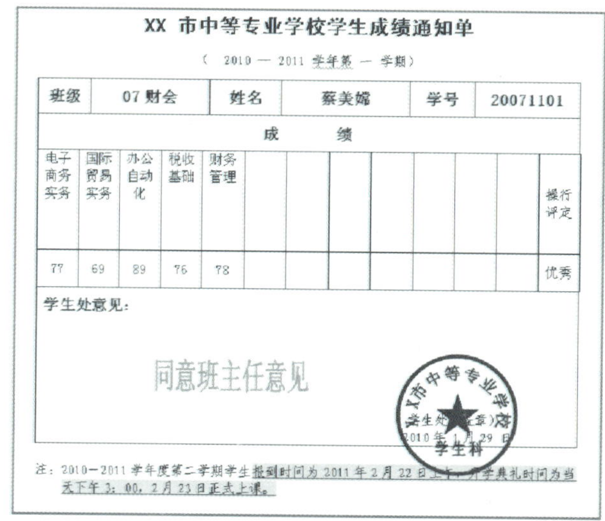

XX 市中等专业学校学生成绩通知单

（ 2010 — 2011 学年第 一 学期）

班级	07 财会		姓名		蔡美嫦		学号		20071101		
成　　绩											
电子商务实务	国际贸易实务	办公自动化	税收基础	财务管理							操行评定
77	69	89	76	78							优秀

学生处意见：

同意班主任意见

XX市中等专业学校　学生处（盖章）　2010 年 1 月 29 日　学生科

注：2010—2011 学年度第二学期学生报到时间为 2011 年 2 月 22 日上午，开学典礼时间为当天下午 3：00，2 月 23 日正式上课。

图 3-1　学生成绩通知单示例

任务目标

1. 掌握学生成绩通知单主文档的建立。
2. 掌握数据源文档的建立。
3. 掌握邮件合并的操作步骤。

3.1.1　任务操作

步骤 1　利用 Word 2007 建立以下主文档，如图 3-2 所示。

（1）新建一个 Word 2007 空白文档。

（2）输入标题。按照图 3-2 输入。

（3）插入表格。按照图 3-2 插入表格，并输入文本。

（4）格式设置。设置标题字体为“宋体、加粗、小二号”；正文字体为“宋体、小四号”。

（5）插入艺术字。插入图 3-3 所示艺术字，艺术字样式为“艺术字样式 1”，其字号为“24”。右击“艺术字”，在弹出的快捷菜单中选择“设置艺术字样式”命令，如图 3-4 所示。弹出“设置艺术字格式”对话框，选择“颜色与线条”选项卡，设置填充颜色为“浅蓝”，线条颜色为“浅蓝”，如图 3-5 所示。

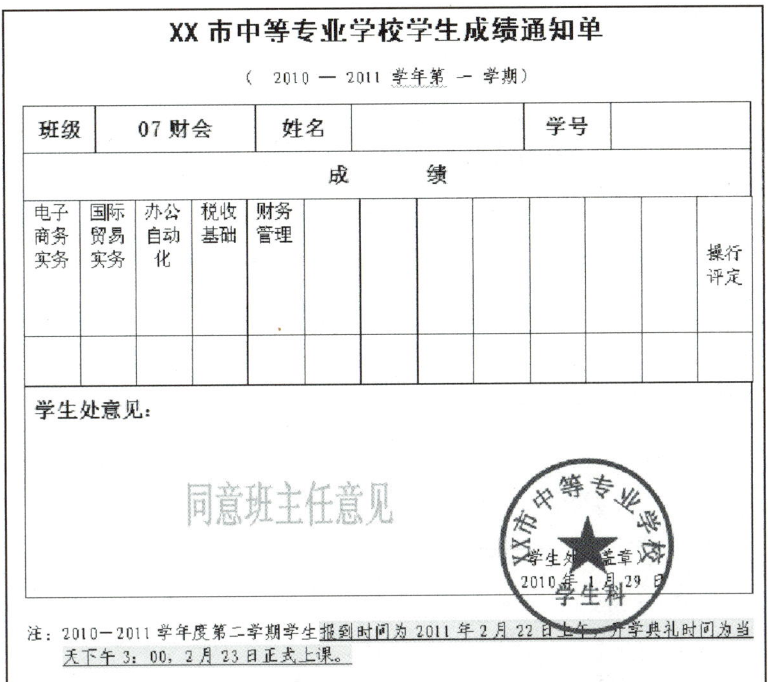

XX市中等专业学校学生成绩通知单

（ 2010 — 2011 学年第 一 学期）

班级	07财会	姓名		学号	

成 绩

电子商务实务	国际贸易实务	办公自动化	税收基础	财务管理								操行评定

学生处意见：

同意班主任意见

XX市中等专业学校 学生处（盖章） 2010年1月29日 学生科

注：2010—2011学年度第二学期学生报到时间为2011年2月22日上午，开学典礼时间为当天下午3：00，2月23日正式上课。

图3-2　建立主文档

同意班主任意见

图3-3　插入艺术字

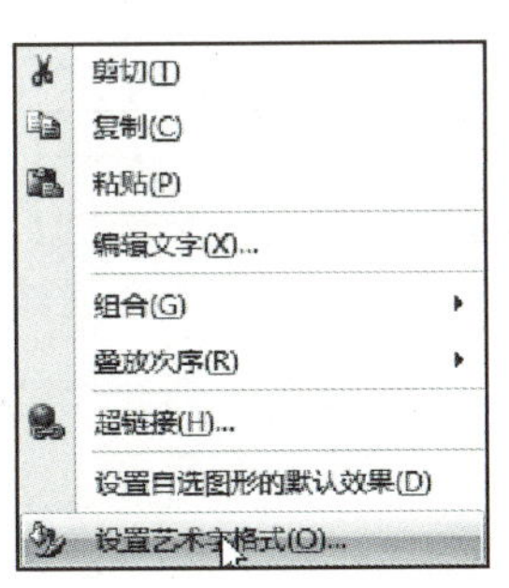

图3-4　设置艺术字格式

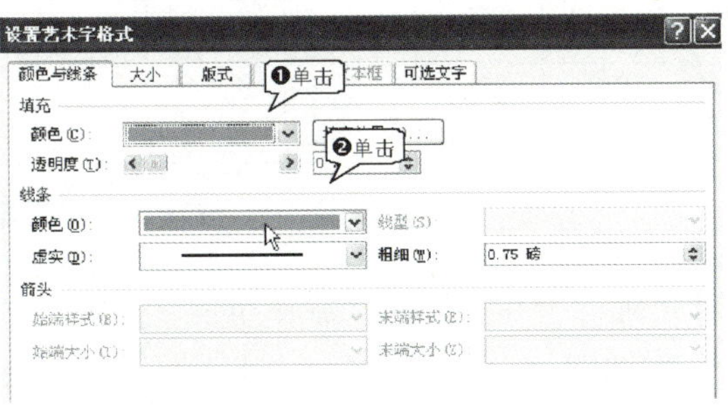

图3-5　“颜色与线条”对话框

（6）印章制作。参照之前发票制作时印章制作方法来完成，如图3-6所示。

（7）完成主文档，保存文件。

步骤2　利用Excel 2007建立数据源表，如图3-7所示。

（1）新建一个Excel 2007空白文档。

（2）输入文本。按照表3-2所示，输入表格所有文本和数值。

图3-6　印章

（3）格式设置。设置字体为“宋体”，字号为“11 号”。

（4）完成数据源表，保存文件。

	A	B	C	D	E	F	G	H
1	学号	姓名	电子商务	国际贸易	办公自动化	税收基础	财务管理	操行评定
2	20071101	蔡美嫦	77	69	89	76	78	优秀
3	20071102	蔡转有	88	83	78	90	91	优秀
4	20071103	岑淑君	78	78	81	76	80	优秀
5	20071105	陈静雯	87	85	90	91	90	优秀
6	20071106	陈若林	68	80	74	74	76	优秀
7	20071107	陈天爱	81	82	72	82	83	优秀
8	20071110	冯影雯	77	85	86	80	81	优秀
9	20071111	甘露怡	71	77	60	79	76	优秀
10	20071112	古想莲	85	91	93	90	94	优秀
11	20071113	郭丽琼	79	85	79	81	93	优秀
12	20071114	郭燕萍	89	93	95	90	87	优秀
13	20071115	何嘉瑶	83	82	96	81	84	优秀
14	20071116	何淑玲	74	76	94	88	74	优秀
15	20071117	黄宝莹	68	75	93	82	78	优秀
16	20071118	黄富荣	67	61	79	65	70	优秀
17	20071119	黄嘉欣	72	85	90	84	88	优秀
18	20071120	黄丽萍	75	83	94	78	81	优秀
19	20071122	黄沛敏	79	85	77	79	88	优秀
20	20071123	黄倩萍	91	83	95	83	90	优秀
21	20071124	黄小玲	95	93	72	91	90	优秀
22	20071125	黄燕秋	73	81	83	83	85	优秀
23	20071126	江思佳	92	80	94	87	89	优秀
24	20071130	李沼娟	90	85	99	92	92	优秀
25	20071131	梁国浩	66	61	92	62	66	优秀
26	20071133	梁婉君	79	80	86	78	84	优秀
27	20071134	梁燕莉	74	80	77	70	77	优秀
28	20071135	梁韵玲	73	78	79	78	85	优秀
29	20071136	林碧敏	76	76	84	81	81	优秀
30	20071137	林晓华	74	79	85	81	85	优秀
31	20071138	林晓盈	83	78	78	77	77	优秀
32	20071139	林燕娴	75	79	86	80	80	优秀
33	20071142	麦敏华	79	84	94	79	87	优秀
34	20071143	莫康华	61	63	61	69	61	优秀
35	20071145	区志伟	61	75	75	68	78	优秀
36	20071147	苏杏婷	68	82	96	77	85	优秀
37	20071148	孙思云	78	80	64	78	87	优秀
38	20071149	汤清秀	77	77	71	83	86	优秀

图 3-7　成绩单数据源表

步骤 3　利用邮件合并功能批量制作生成学生成绩通知单。

（1）打开主文档。

（2）选择“邮件”选项卡，在“开始邮件合并”选项组中单击“开始邮件合并”按钮，如图 3-8 所示，在其下拉列表中选择“邮件合并分步向导”命令，打开“邮件合并”任务窗格，如图 3-9 所示。单击“向导下一步”按钮，再单击“向导下一步”按钮，在第三步出现的窗格中单击“浏览”超链接，如图 3-10 所示。弹出“选取数据源”对话框，选择“数据源表文件”，单击“打开”按钮，两次单击“确定”按钮即可完成。

（3）插入合并域。将光标置于“姓名”后面的单元格。单击“插入合并域”按钮，在其下拉列表中选择“姓名”选项，如图 3-11 所示。用同样的方法，分别插入“学号”、“电子商务”、“国际贸易”、“办公自动化”、“税收基础”、“财务管理”、“操行评定”对应的域。

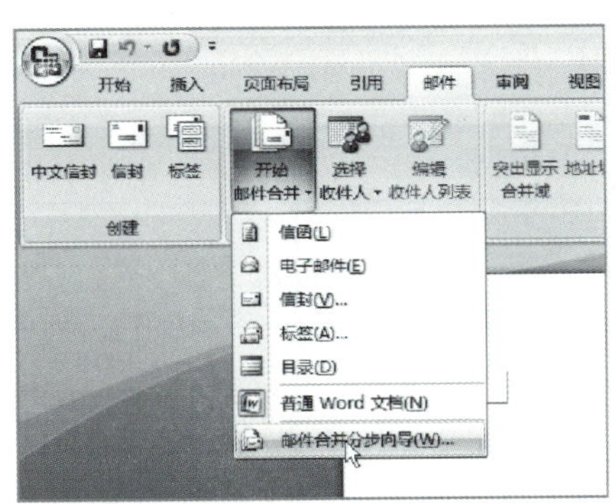

图 3-8　邮件合并分步向导

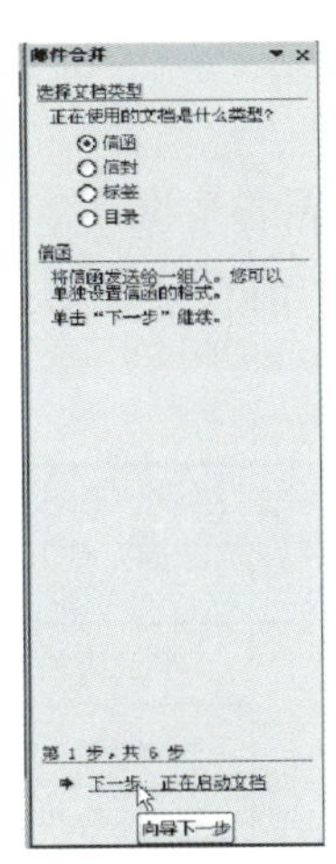

图 3-9　“邮件合并”任务窗格

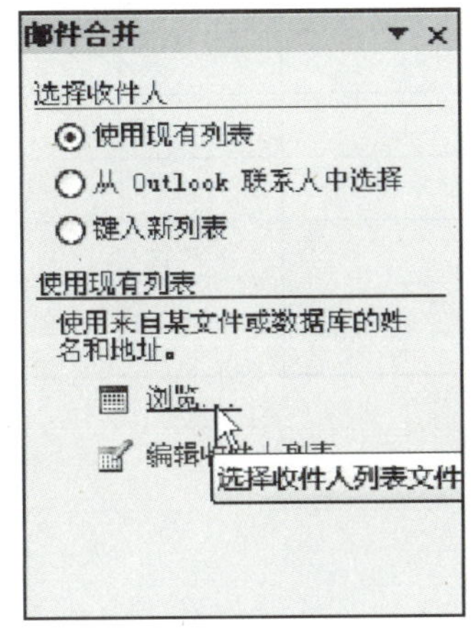

图 3-10　浏览

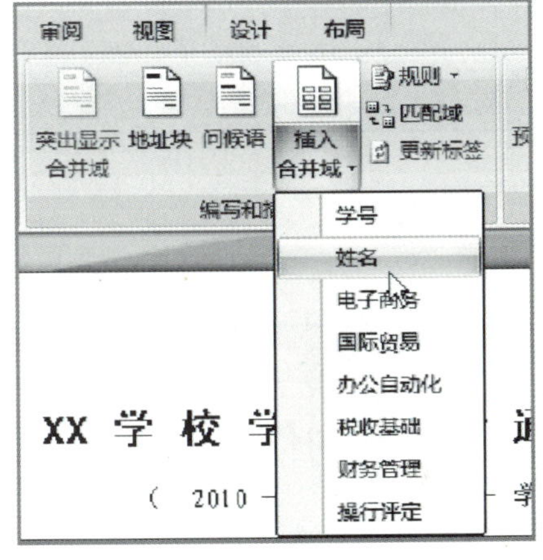

图 3-11　插入“姓名”合并域

(4) 完成并合并数据。单击“完成并合并”按钮，在其下拉列表中选择“编辑单个文档”命令，如图 3-12 所示。弹出“合并到新文档”对话框，选中“全部”单选按钮，单击“确定”按钮，如图 3-13 所示。

(5) 所有同学的成绩通知单都显示在同一个新文档中。至此，批量制作学生成绩通知单完成，保存文件。

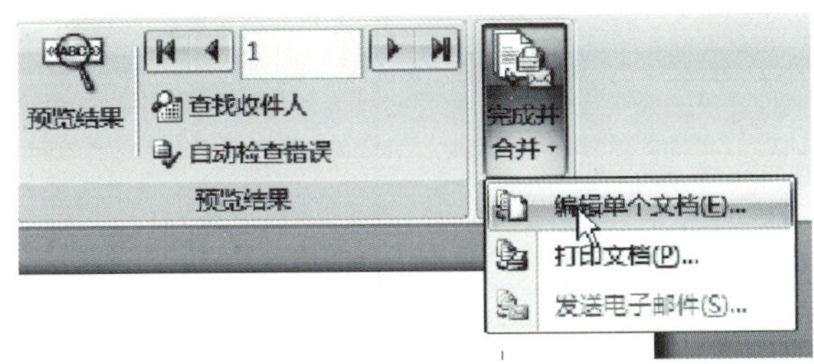

图 3-12　编辑单个文档

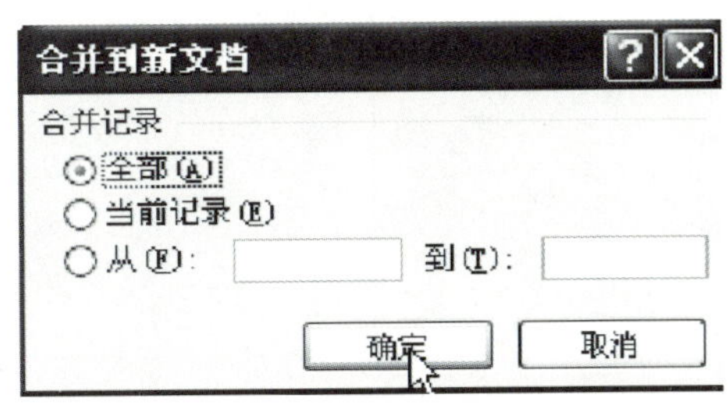

图 3-13　“合并新文档”对话框

3.1.2 能力评价

根据个人任务完成的情况，实行个人自评，小组成员之间互评和教师评价，评价分优、良、中、差四个等级，请教师给出提升建议和综合评价（见表 3-2）。

表 3-2 能力评价

内容			评价		
评价项目		评价内容	自评	小组间	教师
知识掌握	应知应会	学生成绩通知单主文档的建立			
		数据源文档的建立			
		邮件合并的操作步骤			
专业能力	工作质量	1．能够正确建立主文档			
		2．能够正确建立数据源文档			
		3．能够利用邮件合并功能完成任务			
	工作速度	在规定时间内完成本项任务			
工作与学习态度		能积极投入到任务工作中，认真完成本项任务			
提升建议：			综合评价：		

任务 3.2 信封制作

任务描述

如果要向每个学生发信，就需要为每个学生打印信封，要是用手抄信封的办法，不仅容易出错而且效率低下、极度疲劳，用邮件合并就简单多了。本任务要求完成图 3-14 所示信封制作。

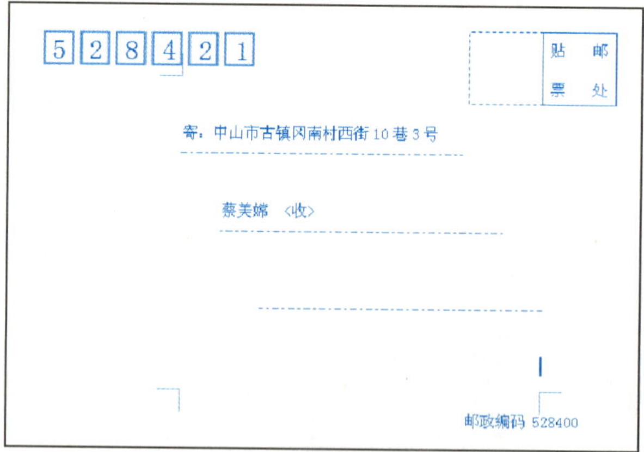

图 3-14 信封示例

任务目标

1. 掌握信封主文档的建立。
2. 掌握数据源文档的建立。
3. 掌握邮件合并的操作步骤。

3.2.1 任务操作

步骤 1 利用 Word 2007 建立以下主文档，如图 3-15 所示。

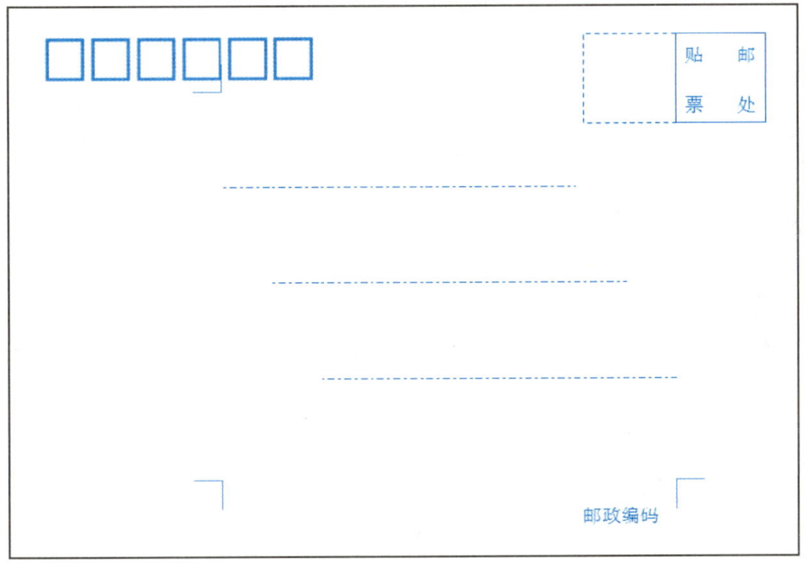

图 3-15 信封主文档

（1）新建一个 Word 2007 空白文档。

（2）选择“邮件”选项卡，如图 3-16 所示，在“创建”选项组中单击“中文信封”按钮，弹出“信封制作向导”对话框，如图 3-17 所示，一直单击“下一步”按钮，直到最后一步，单击“完成”按钮。

（3）完成主文档，保存文件。

步骤 2 利用 Excel 2007 建立数据源表，如图 3-18 所示。

（1）新建一个 Excel 2007 空白文档。

（2）输入文本。按照图 3-18 所示，输入表格所有文本和数值。

（3）格式设置。设置字体为“宋体”，字号为“11 号”。

（4）完成数据源表，保存文件。

步骤 3 利用邮件合并功能批量制作信封。

（1）打开主文档。

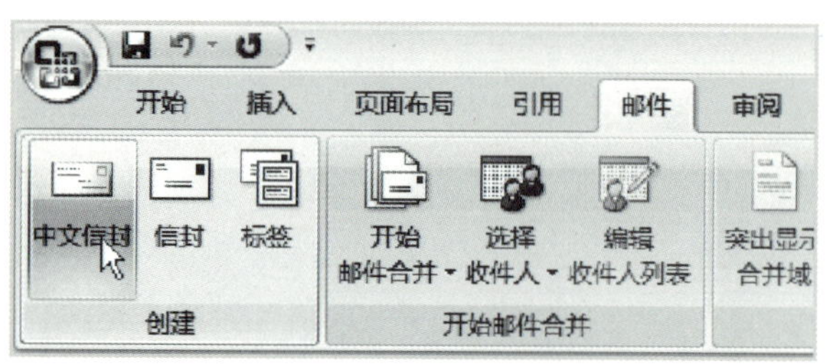

图 3-16　创建中文信封

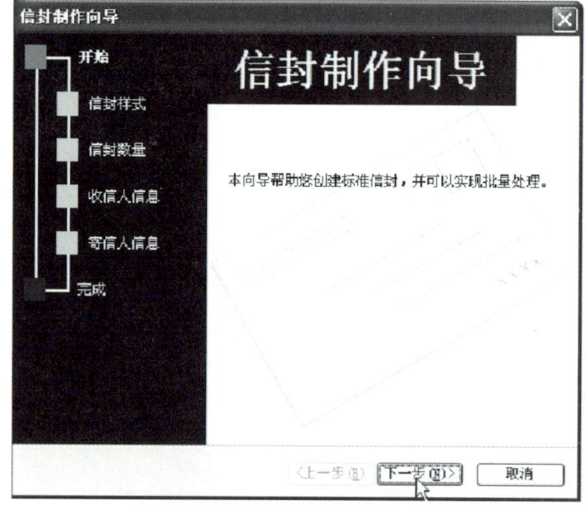

图 3-17　信封制作向导

编号	姓名	家庭地址	邮政编码
1	蔡美嫦	中山市古镇冈南村西街10巷3号	528421
2	蔡转有	中山市古镇七坊夏园桥头一巷15号	528421
3	岑淑君	中山市小榄镇永福路三巷28号	528415
4	陈静雯	火炬开发区二村涌边上街3巷11号	528437
5	陈天爱	中山市东区东路138号紫茵庭园2A901	528400
6	冯影雯	中山市黄圃镇新明南路一街三巷2号	528429
7	甘露怡	中山市坦洲镇工农大街四巷35号	528467
8	古想莲	中山市板芙镇板溪口嘉乐花园二幢401	528459
9	郭丽琼	中山市东升镇同盛二街一巷3号	528414
10	郭燕萍	中山市黄圃镇铺头华街二巷七号	528429
11	何嘉瑶	中山市黄圃镇鳌山村金龙北路22号	528429
12	何淑玲	中山市南朗镇龙穴鸡头角村	528451
13	黄宝莹	中山市三角镇爱国3队	528445
14	黄富荣	中山市开发区海傍村八组22号	528437
15	黄嘉欣	中山市东升镇太平村南路文才巷6号	528414
16	黄丽萍	中山市古镇冈南村东街五巷8号	528421
17	黄沛敏	中山市大涌镇村聚源正街上四巷1号	528476
18	黄倩萍	中山市坦洲镇同胜村同明街88号	528467
19	黄小玲	中山市港口镇新隆大街138号	528447
20	黄燕秋	中山市横栏镇六沙村东一街116号	528478
21	李滔娟	中山市三角镇东南村东南1队	528445
22	梁国浩	中山市板芙镇四联村加茂104号	528459
23	梁婉君	中山市南头镇潮源路13号	528427
24	梁燕莉	中山市东升镇胜龙村北洲2队	528414
25	梁韵玲	中山市古镇镇校园路十巷9号	528421
26	林碧敏	中山市东升镇坦背五队一路三巷3号	528414
27	林晓华	中山市古镇古二永昌北街二巷二号	528421
28	林晓盈	中山市横栏镇新茂管理区948号	528478
29	林燕娴	中山市阜沙镇联兴街23号	528434
30	麦敏华	中山市东凤镇金怡南路二巷30号	528425

图 3-18　信封数据源表

（2）选择“邮件”选项，在“开始邮件合并”选项组中单击“开始邮件合并”按钮，如图 3-19 所示，在其下拉列表中选择“邮件合并分步向导”命令，打开“邮件合并”任务窗格，如图 3-20 所示。单击“下一步”按钮，再单击“下一步”按钮，在第三步出现的窗格中单击“浏览”超链接，如图 3-21 所示，弹出“选取数据源”对话框，选择“数据源表文件”，单击“打开”，两次单击“确定”按钮即可完成。

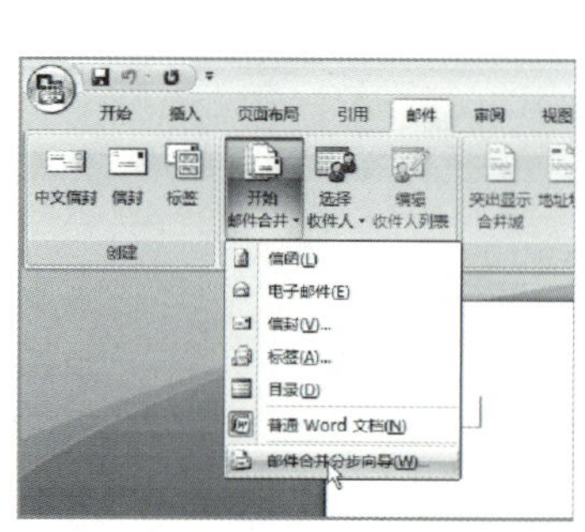

图 3-19　邮件合并分步向导

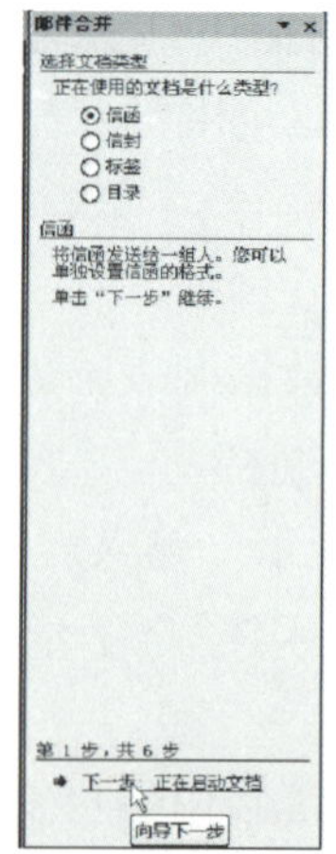

图 3-20　“邮件合并”任务窗格

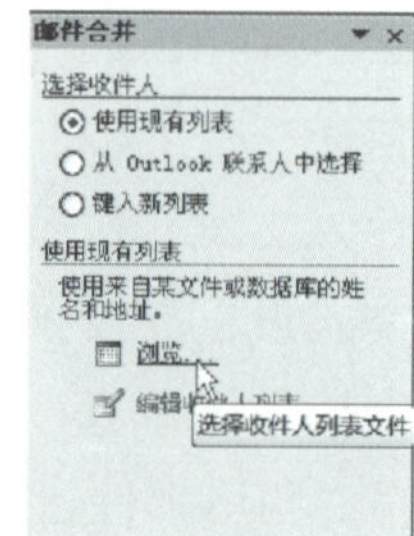

图 3-21　浏览

(3) 插入合并域。将光标置于“邮政编码”处，单击“插入合并域”按钮，在其下拉列表中选择“邮政编码”命令，如图 3-22 所示。用同样的方法，分别插入“家庭地址”、“姓名”对应的域。

(4) 预览结果。单击“预览结果”按钮，如图 3-23 所示。

(5) 删除信封中已有的信息。选中要删除的信息，按“Delete”键进行删除。删除后的效果如图 3-24 所示。

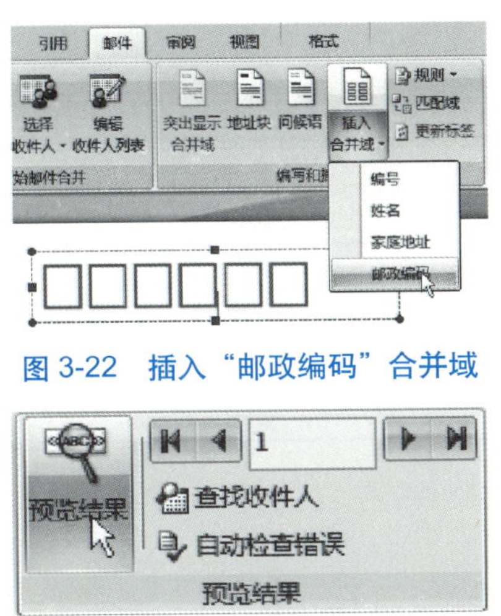

图 3-22　插入“邮政编码”合并域

图 3-23　预览结果

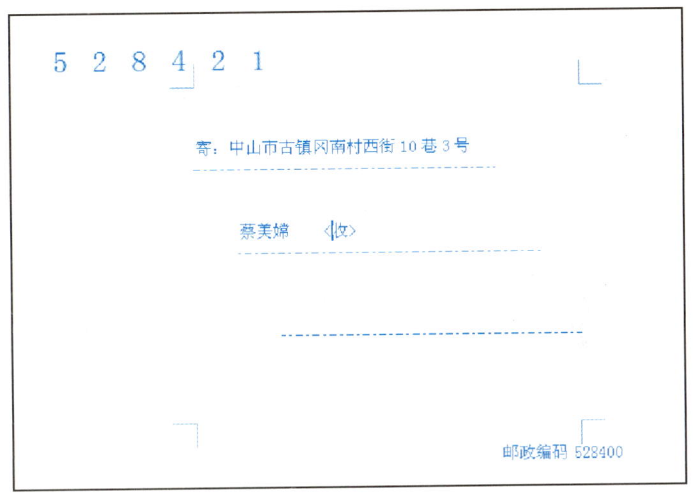

图 3-24　删除信息效果

(6) 完成并合并数据。单击“完成并合并”按钮，在其下拉列表中选择“编辑单个文档”命令，如图 3-25 所示。弹出“合并到新文档”对话框，选中“全部”单选按钮，单击“确定”按钮，如图 3-26 所示。

(7) 所有都显示在同一个新文档中。至此，批量制作信封完成，保存文件。

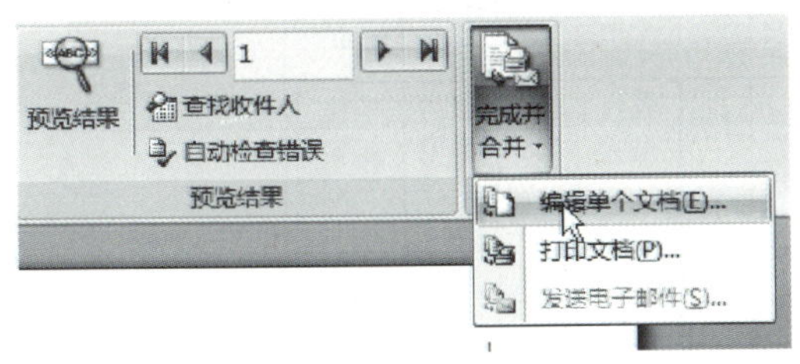

图 3-25　编辑单个文档

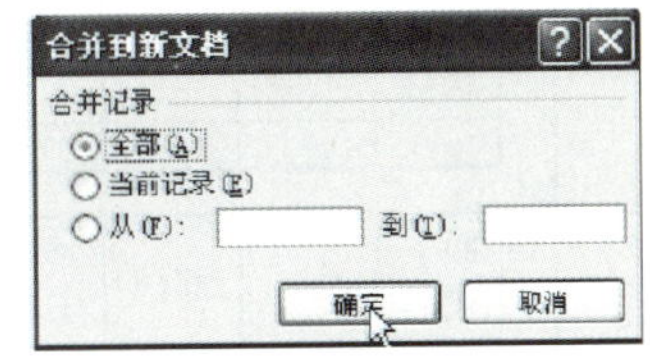

图 3-26　“合并到新文档”对话框

3.2.2　能力评价

根据个人任务完成的情况，实行个人自评，小组成员之间互评和教师评价，评价分优、良、中、差四个等级，请教师给出提升建议和综合评价（见表 3-3）。

表 3-3 能力评价

内容			评价		
评价项目		评价内容	自　评	小 组 间	教　师
知识掌握	应知应会	信封主文档的建立			
		数据源文档的建立			
		邮件合并的操作步骤			
专业能力	工作质量	1．能够正确建立主文档			
		2．能够正确建立数据源文档			
		3．能够利用邮件合并功能完成任务			
	工作速度	在规定时间内完成本项任务			
工作与学习态度		能积极投入到任务工作中，认真完成本项任务			
提升建议：			综合评价：		

任务 3.3 员工工资条制作

任务描述

对会计人员而言，打印工资条是很平常的工作，在没有专业软件的情况下，很多会计人员通常会利用一些比较笨拙的办法，这不仅效率低而且缺乏准确性，如果掌握了 Word 2007 的邮件合并功能，工资条这样的工作就变得非常轻松了。本任务要求完成如图 3-27 所示员工工资条制作。

职工代码	姓名	部门	基本工资	奖金	津贴	应付工资	所得税	租房水电	实发工资
1	张红	办公室	1700	1700	500	2690	84.00	21.41	2584.59

职工代码	姓名	部门	基本工资	奖金	津贴	应付工资	所得税	租房水电	实发工资
2	王涛	办公室	2100	2100	300	2920	107.00	15.42	2797.58

职工代码	姓名	部门	基本工资	奖金	津贴	应付工资	所得税	租房水电	实发工资
3	李海	办公室	1800	1800	500	3100	125.00	47.23	2927.77

职工代码	姓名	部门	基本工资	奖金	津贴	应付工资	所得税	租房水电	实发工资
4	蔡转有	办公室	2100	2100	300	2920	107.41	21.41	2791.59

职工代码	姓名	部门	基本工资	奖金	津贴	应付工资	所得税	租房水电	实发工资

图 3-27 员工工资条示例

■ **任务目标**

1. 掌握员工工资条主文档的建立。
2. 掌握数据源文档的建立。
3. 掌握邮件合并的操作步骤。

3.3.1 任务操作

步骤 1 利用 Word 2007 建立以下主文档，如图 3-28 所示。

（1）新建一个 Word 2007 空白文档。

（2）插入表格。插入一个 2 行 10 列的表格。

（3）输入文本。按照图 3-28 所示，输入表格中的文本。

（4）格式设置。设置字体为“宋体”，字号为“五号”。

（5）完成主文档，保存文件。

职工代码	姓名	部门	基本工资	奖金	津贴	应付工资	所得税	租房水电	实发工资

图 3-28 工资条主文档

步骤 2 利用 Excel 2007 建立数据源表，如图 3-29 所示。

（1）新建一个 Excel 2007 空白文档。

	A	B	C	D	E	F	G	H	I	J
1	职工代码	姓名	部门	基本工资	奖金	津贴	应付工资	所得税	租房水电	实发工资
2	1	张红	办公室	1700	490	500	2690	84	21.41	2584.59
3	2	王涛	办公室	2100	520	300	2920	107	15.42	2797.58
4	3	李海	办公室	1800	800	500	3100	125	47.23	2927.77
5	4	蔡转有	办公室	2100	520	300	2920	107	21.41	2791.59
6	5	梁燕莉	办公室	2100	520	300	2920	107	20.41	2792.59
7	6	赵明	财务部	2100	600	600	3300	145	25.23	3129.77
8	7	钱珊	财务部	1800	600	600	3000	115	25.23	2859.77
9	8	岑淑君	财务部	1800	800	500	3100	125	15.42	2959.58
10	9	陈静雯	财务部	2100	600	600	3300	145	47.23	3107.77
11	10	梁韵玲	财务部	1800	800	500	3100	125	22.5	2952.5
12	11	林碧敏	财务部	2100	600	600	3300	145	21.41	3133.59
13	12	江南	仓库	2600	700	900	4200	265	66.22	3868.78
14	13	社星	仓库	4300	750	750	5800	505	52.45	5242.55
15	14	孙业	仓库	2500	1000	600	4100	250	0	3850
16	15	郭伟	仓库	2800	1000	300	4100	250	0	3850
17	16	李辉	仓库	4500	1500	1000	7000	705	22.63	6272.37
18	17	黄富荣	仓库	14000	15000	3000	32000	6225	33.55	25741.45
19	18	黄嘉欣	仓库	2600	700	900	4200	265	33.22	3901.78
20	19	黄倩萍	仓库	4000	2000	2000	8000	905	21.55	7073.45
21	20	黄小玲	仓库	2500	1000	600	4100	250	33	3817
22	21	黄燕秋	仓库	2800	1000	300	4100	250	0	3850
23	22	吴柏健	仓库	14000	15000	3000	32000	6225	22.63	25752.37
24	23	吴儿凤	仓库	2600	700	900	4200	265	65.96	3869.04
25	24	谢海艳	仓库	4000	2000	2000	8000	905	66.22	7028.78
26	25	谢文冠	仓库	2500	1000	600	4100	250	52.45	3797.55
27	26	杨瑞珊	仓库	3000	2000	2000	7000	705	21.55	6273.45
28	27	赵民	二车间	12000	1000	11000	24000	4225	22.63	19752.37
29	28	张山	二车间	13000	1000	15000	29000	5475	65.96	23459.04
30	29	马毅	二车间	13000	1000	15000	29000	5475	33.55	23491.45
31	30	胡华	二车间	14000	15000	3000	32000	6225	33.22	25741.78
32	31	郭燕萍	二车间	11000	8000	9000	28000	5225	36.52	22738.48

图 3-29 工资条数据源表

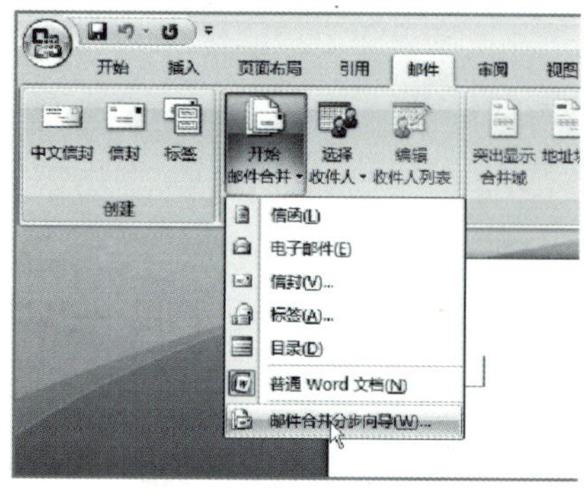

图 3-30 邮件合并分步向导

（2）输入文本。按照图 3-29 所示，输入表格中的所有文本和数值。

（3）格式设置。设置字体为“宋体”，字号为“11 号”。

（4）完成数据源表，保存文件。

步骤 3 利用邮件合并功能批量制作员工工资条。

（1）打开主文档。

（2）选择“邮件”选项卡，单击“开始邮件合并”按钮，如图 3-30 所示，在其下拉列表中选择“邮件合并分步向导”命令，打开“邮件合并”任务窗格，如图 3-31 所示。单击“下一步”按钮，再单击“下一步”按钮，在第三步出现的窗格中单击“浏览”超链接，如图 3-32 所示，在弹出的“选项数据源”对话框中选择“数据源表文件”，单击“打开”按钮，两次单击“确定”按钮即可完成。

（3）插入合并域。将光标置于“序号”下面的单元格，单击“插入合并域”按钮，在其下拉列表中选择“序号”命令，如图 3-33 所示。用同样的方法，分别插入“姓名”、“部门”、“基本工资”、“奖金”、“津贴”、“应付工资”、“所得税”、“租房水电”、“实发工资”对应的域。

图 3-31 “邮件合并”任务窗格

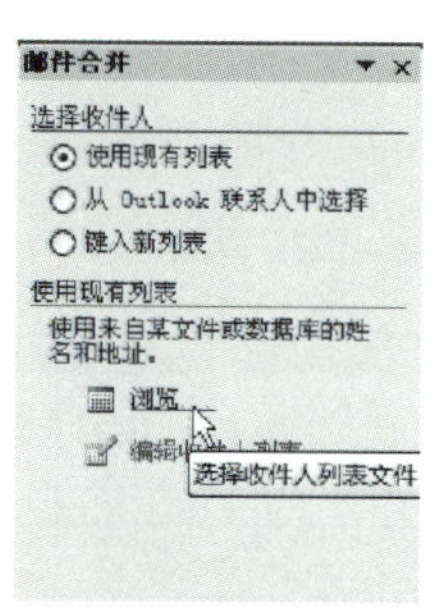

图 3-32 浏览

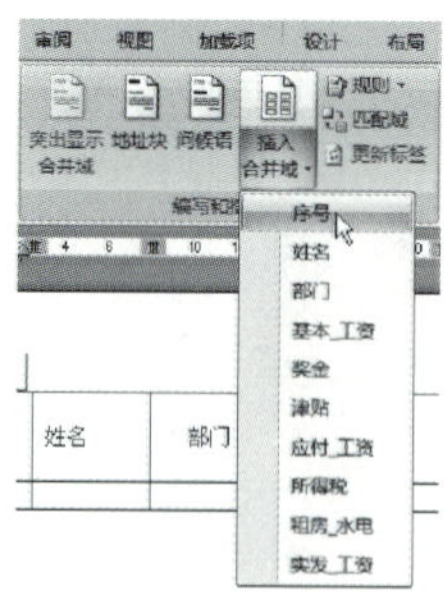

图 3-33 插入“序号”合并域

插入域后的效果如图 3-34 所示。

（4）预览结果。单击“预览结果”按钮，如图 3-35 所示。

（5）解决两个问题。

序号	姓名	部门	基本工资	奖金	津贴	应付工资	所得税	租房水电	实发工资
«序号»	«姓名»	«部门»	«基本_工资»	«奖金»	«津贴»	«应付_工资»	«所得税»	«租房_水电»	«实发_工资»

图 3-34　插入域后的效果

序号	姓名	部门	基本工资	奖金	津贴	应付工资	所得税	租房水电	实发工资
1	张红	办公室	1700	490	500	2690	84	21.41	2584.5900000000001

图 3-35　预览效果

问题 1　从预览的结果看，生成的文档中，实发工资和租房水电出现多位小数。

解决方法　将光标置于“《租房水电》”域中并右击，在弹出快捷菜单中选择“切换域代码”命令，如图 3-36 所示。此时“《租房水电》”域代码如图 3-37 所示。在域代码最后加一个参数“\#0.00”来强制保留 2 位小数，如图 3-38 所示，完成后，右击该域，在弹出快捷菜单中选择“更新域”命令，如图 3-39 所示。按同样的方法在实发工资域代码中添加以上参数。

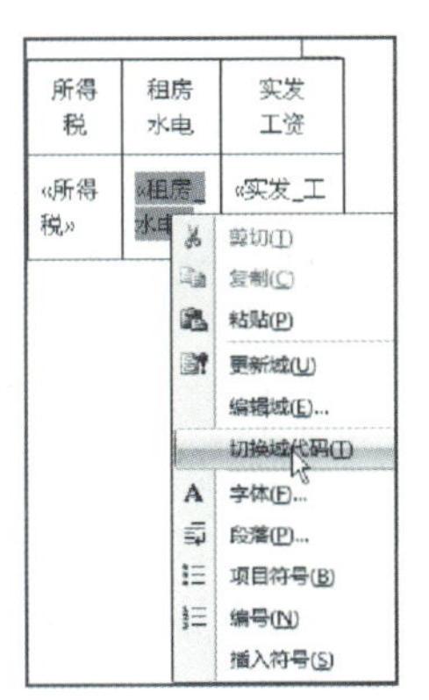

图 3-36　切换域代码

图 3-37　域代码

图 3-38　添加参数

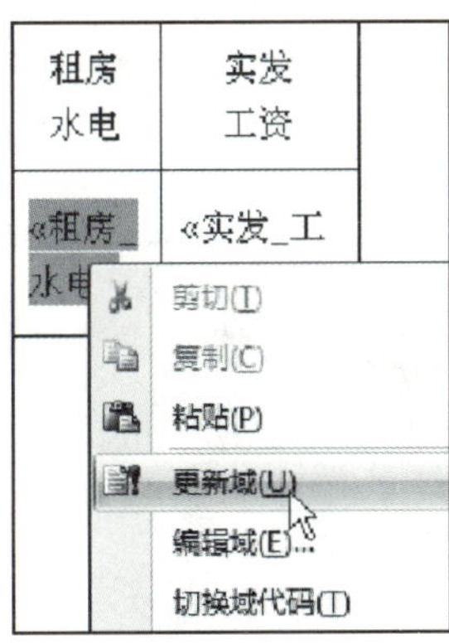

图 3-39　更新域

问题 2　完成并合并文件后，发现一页纸只有一张工资条，浪费纸。

解决方法　选中整个工资表格，选择“开始”选项卡，在“剪贴板”选项组中单击“复制”按钮，然后在原表格下方空一行后执行“粘贴”命令。这样就得到了两个工资条，重复上面的操作，添加相应人数的工资条。本例中一页共能容纳 10 张工资条。

此时所有的工资条记录数据全都是一样的，该怎样处理呢？非常简单，只要利用一个命令就可以解决。首先将光标定位于第一和第二个表格之间的空行处，选择“邮件”选项卡，在“编写和插入域”选项组中单击“规则”按钮，在其下拉列表中选择“下一记录”命令，如图 3-40 所示。第二个表格中的数据即变成数据源中第二条记录的数据。接着将光标定位于第二和第三个表格之间的空行执行上述操作，后面的表格依此类推处理，如图 3-41 所示。

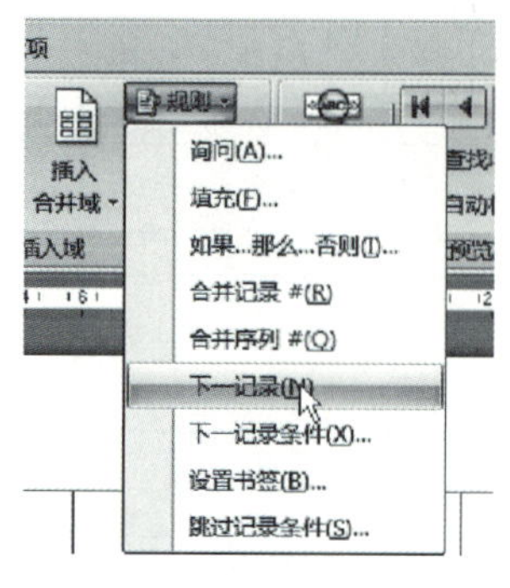

图 3-40　下一记录

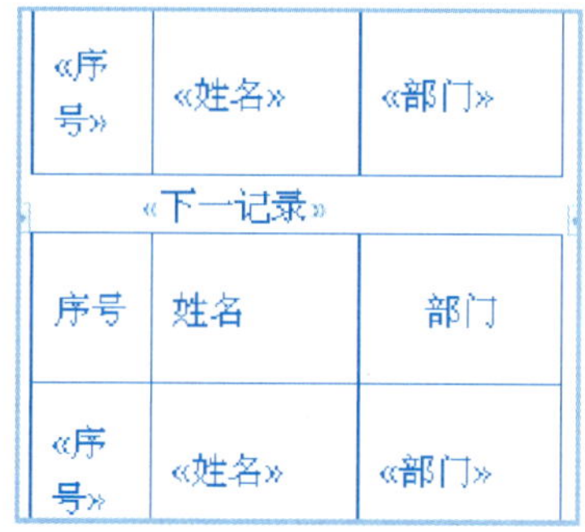

图 3-41　处理效果

（6）完成并合并数据。单击“完成并合并”按钮，在其下拉列表中选择“编辑单个文档”命令，如图 3-42 所示。弹出“合并到新文档”对话框，选中“全部”单选按钮，单击“确定”按钮，如图 3-43 所示。

（7）批量制作员工工资条完成，保存文件。

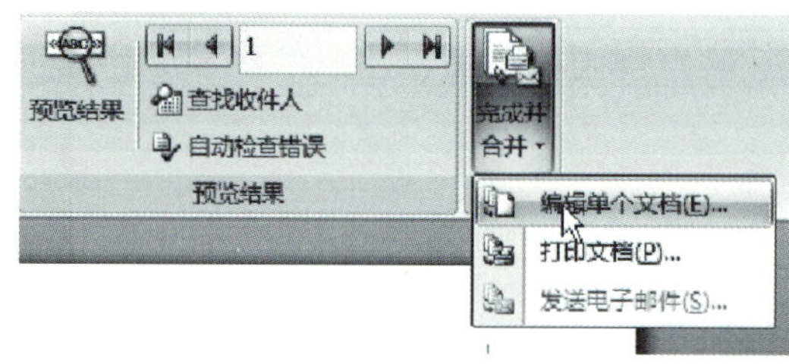

图 3-42　编辑单个文档

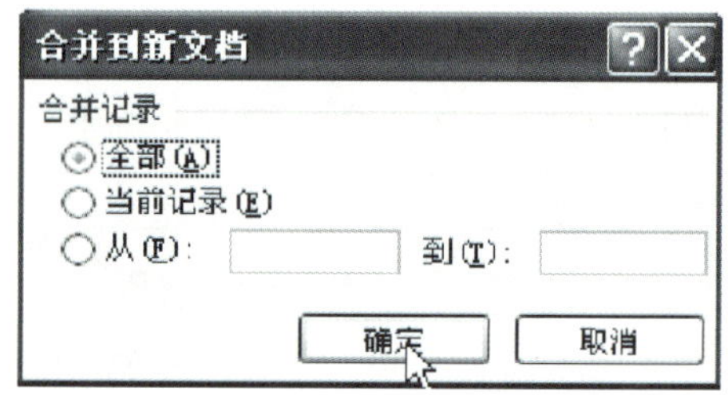

图 3-43　“合并到新文档”对话框

3.3.2　能力评价

根据个人任务完成的情况，实行个人自评，小组成员之间互评和教师评价，评价分优、良、中、差四个等级，请教师给出提升建议和综合评价（见表 3-4）。

表 3-4　能力评价

内　容			评价结果		
评价项目		评价内容	自　评	小　组　间	教　师
知识掌握	应知应会	员工工资条主文档的建立			
		数据源文档的建立			
		邮件合并的操作步骤			
专业能力	工作质量	1. 能够正确建立主文档			
		2. 能正确建立数据源表			
		3. 能解决邮件合并过程中出现的问题			
		4. 能够利用邮件合并功能完成任务			
	工作速度	在规定时间内完成本项任务			
工作与学习态度		能积极投入到任务工作中，认真完成本项任务			
提升建议：			综合评价：		

综 合 实 训

综合实训 1 邀请函制作

任务要求 使用 Word 2007 文字处理软件中的邮件合并功能为客户发送“BBB 公司客户联谊会”邀请函。主文档及数据源表如表 3-5 所示。要求根据数据源文件中客户的性别在生成的合并结果文档中自动填写“先生”或“女士”的称呼。

BBB 公司客户联谊会邀请函

尊敬的 __________ 先生（女士）：

为答谢多年来您对本公司的支持，在 BBB 公司成立五周年之际，定于本月九日上午 19 时在 ABC 商务中心举办客户联谊会，敬请光临！

BBB 公司市场部

2012 年 1 月 5 日

（以上是主文档）

表 3-5 BBB 公司客户联谊邀请明单

客户姓名	性　别
李小明	男
张志明	男
胡小丽	女
王志军	男
郭丽红	女

（以上是数据源表）

项目 4 PowerPoint 2007 综合应用

项目引入

PowerPoint 2007 是 Microsoft Office 系列办公软件的核心组件之一，集设计、制作和演示电子幻灯片的功能于一身，能将文字、图表、声音和视频图像等多媒体元素整合于电子幻灯片中进行展示，广泛应用于企事业单位的日常工作中。

项目目标

1. 熟练制作 PowerPoint 2007 演示文稿。
2. 熟练掌握演示文稿中图、文、表混排的制作方法。
3. 熟练掌握演示文稿中幻灯片的动态演效果的设计方法。

项目分解

本项目只有 1 个学习任务，学习任务的名称和课时安排如表 4-1 所示。

表 4-1　项目分解

项目分解	学习任务名称	课时安排
任务	ABC计算机公司演示文稿	6

相关知识

1．幻灯片。演示文稿中的每一页就是一张幻灯片，每张幻灯片都是演示文稿中既相互独立又相互联系的内容。幻灯片中可以插入图画、动画、备注和讲义等各种内容。

2．占位符。在幻灯片上，占位符是一种带有虚线或阴影线边缘的框，绝大部分幻灯片版式中都有这种框。这些框内，可以放置标题、正文、图表、表格或图片等对象。

3．设计模板。设计模板是一种包含演示文稿样式的文件，包括项目符号、字体的类型和大小、占位符的大小和位置、背景设计和填充、配色方案以及幻灯片母版和可选的标题母版。

4．幻灯片母版。幻灯片母版是幻灯片层次结构中的顶层幻灯片，用于存储有关演示文稿的主题和幻灯片版式的信息，包括背景、颜色、字体、效果、占位符大小和位置。每个演示文稿至少包含一个幻灯片母版。修改和使用幻灯片母版的主要优点是可以对演示文稿中的每张幻灯片（包括以后添加到演示文稿中的幻灯片）进行统一的样式更改。使用幻灯片母版时，由于无需在多张幻灯片上输入相同的信息，因此节省了时间，如果演示文稿非常长，其中包含大量幻灯片，则幻灯片母版特别方便。

任务　ABC 计算机公司演示文稿

任务描述

使用 PowerPoint 2007 制作 ABC 计算机公司演示文稿，共 8 页（图 4-1 ～图 4-8），要求如下。

1）按以下作品为参照，制作 ABC 计算机公司 PPT 作品。

2）一定要使用本 PPT 中的文字，并排版。

3）在创建幻灯片母版时，制作 5 种类型的幻灯片母版。

4）PPT 中的背景、字体、版面的颜色等自由设计。

5）在处理图表时，要求加上图表标题，合理设置图例的颜色。

6）设置按钮式超链接，要求各个幻灯片能够返回到第二张主幻灯片。

7）设置自定义动画效果和幻灯片切换效果。

任务目标

1．熟练设置演示文稿页面设置，排版。

2．熟练创建幻灯片母版。

3．掌握插入并编辑自选图形、表格和组织结构图。

4．掌握插入并编辑文本框。

5．掌握自定义动画设置。

6．熟练设置超链接及动作设置。

图 4-1　第 1 页

公司简介
公司概况
销售业绩
公司机构设置
结束语

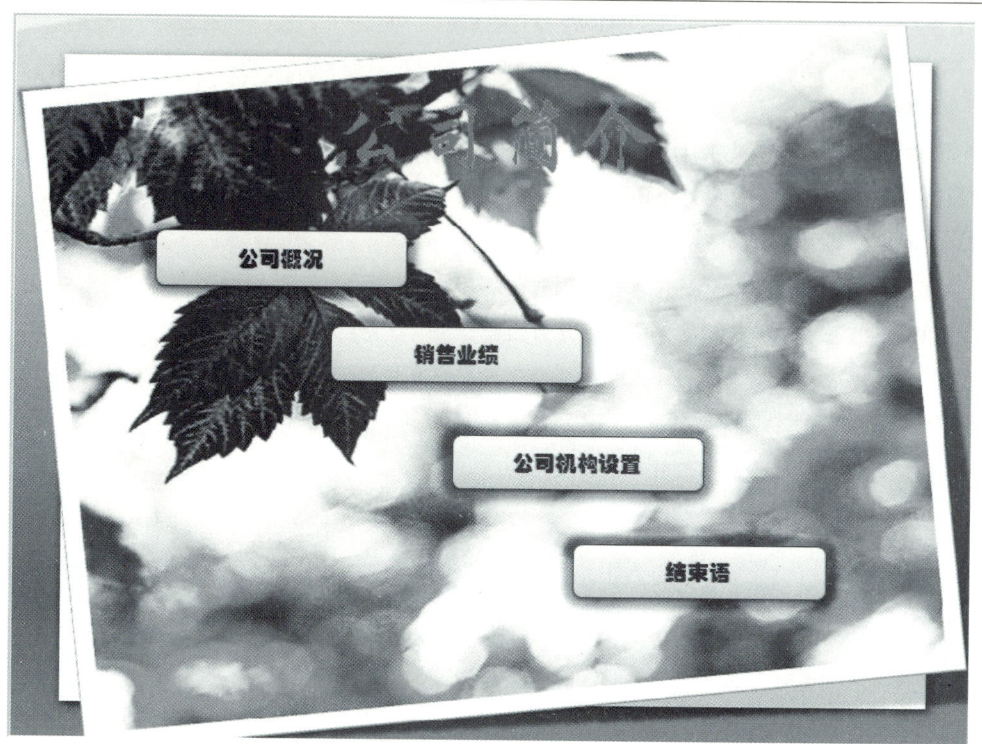

图 4-2　第 2 页

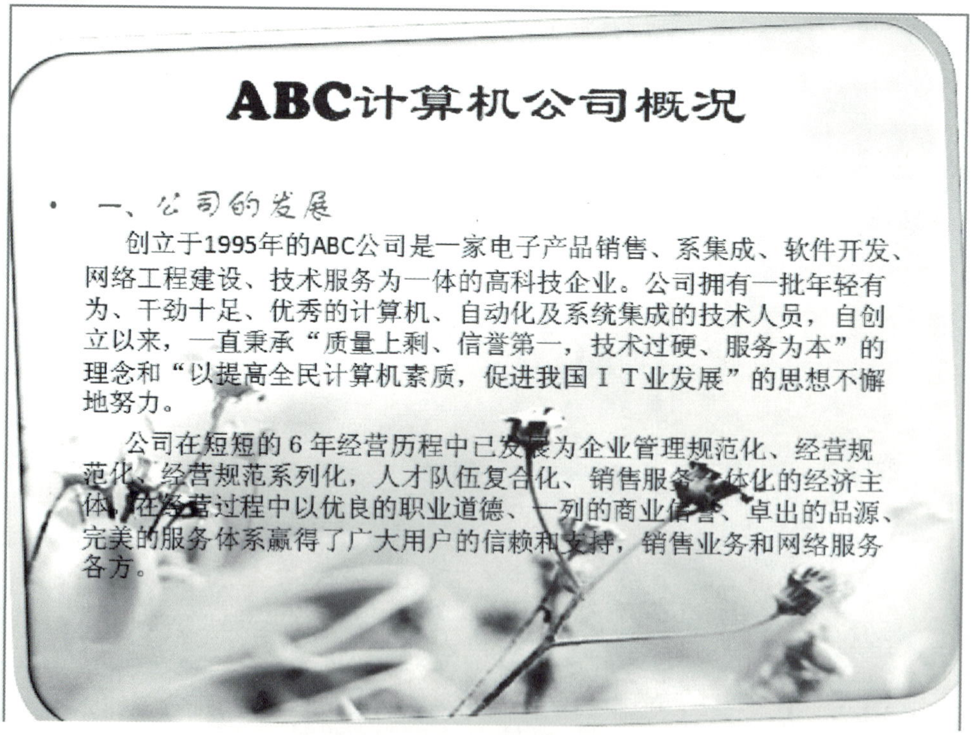

ABC计算机公司概况
一、公司的发展
创立于1995年的ABC公司是一家电子产品销售、系集成、软件开发、网络工程建设、技术服务为一体的高科技企业。公司拥有一批年轻有为、干劲十足、优秀的计算机、自动化及系统集成的技术人员，自创立以来，一直秉承“质量上剩、信誉第一，技术过硬、服务为本”的理念和“以提高全民计算机素质，促进我国ＩＴ业发展”的思想不懈地努力。
公司在短短的 6 年经营历程中已发展为企业管理规范化、经营规范化、经营规范系列化，人才队伍复合化、销售服务一体化的经济主体，在经营过程中以优良的职业道德、一列的商业信誉、卓出的品源、完美的服务体系赢得了广大用户的信赖和支持，销售业务和网络服务各方。

图 4-3　第 3 页

图 4-4 第 4 页

年份 类别	ABC公司２００１～２００３年销售业绩表		
	２００１年	２００２年	２００３年
电脑设备	11200.00	23400.00	17000.00
电设备	17000.00	12000.00	23300.00
课件开发	16300.00	14000.00	30000.00
技术培训	5000.00	15000.00	27800.00
校园网建设	21800.00	25200.00	23300.00

图 4-5 第 5 页

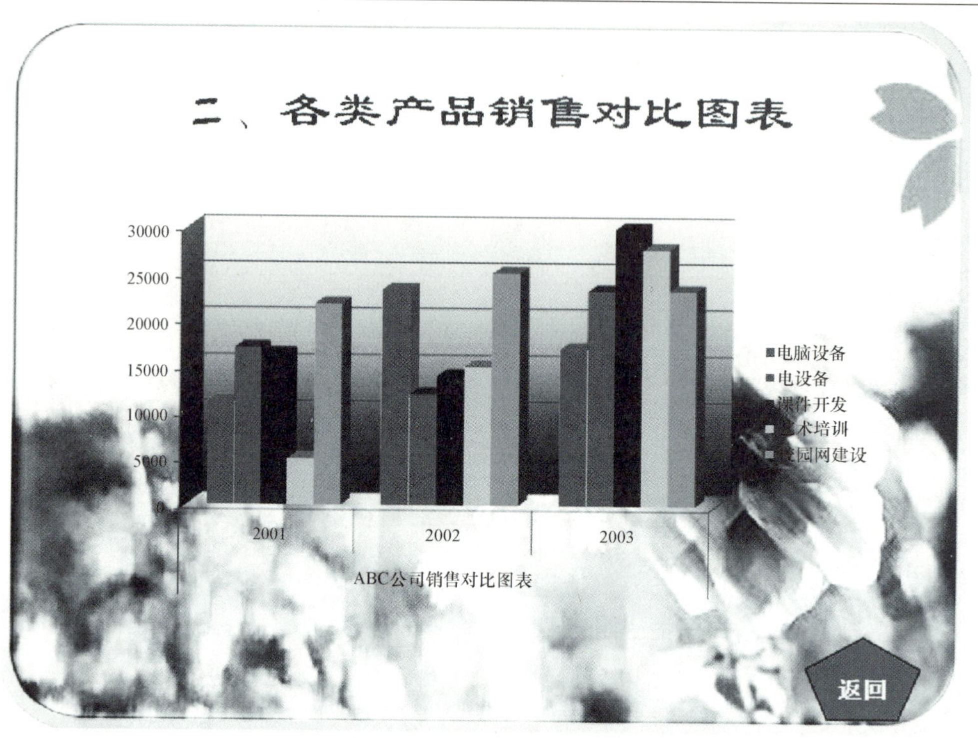

图4-6 第6页

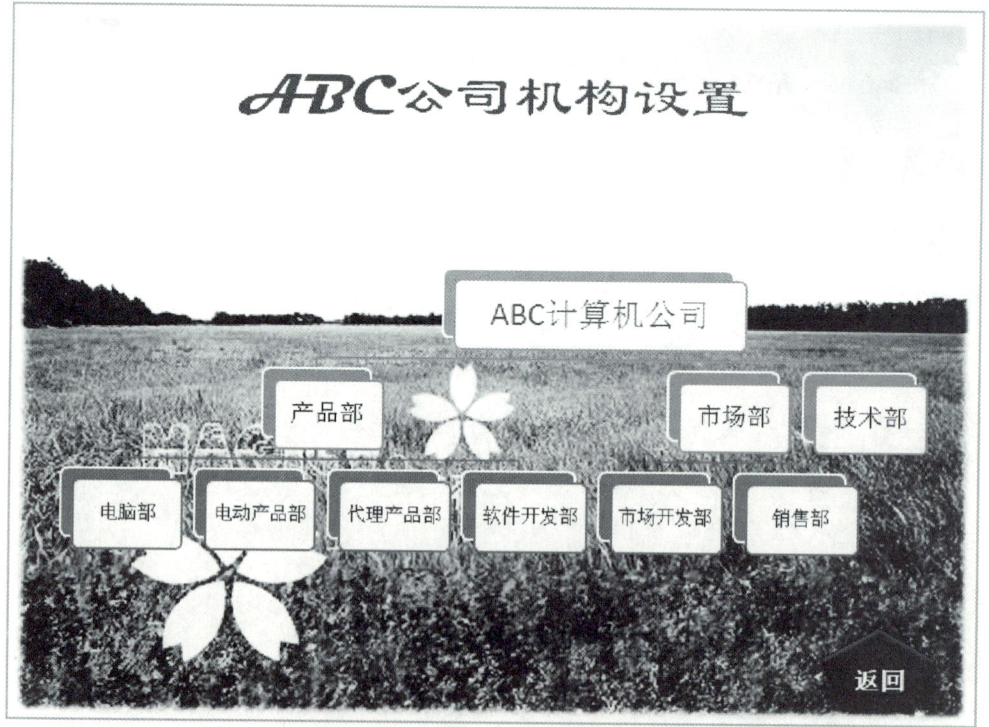

图4-7 第7页

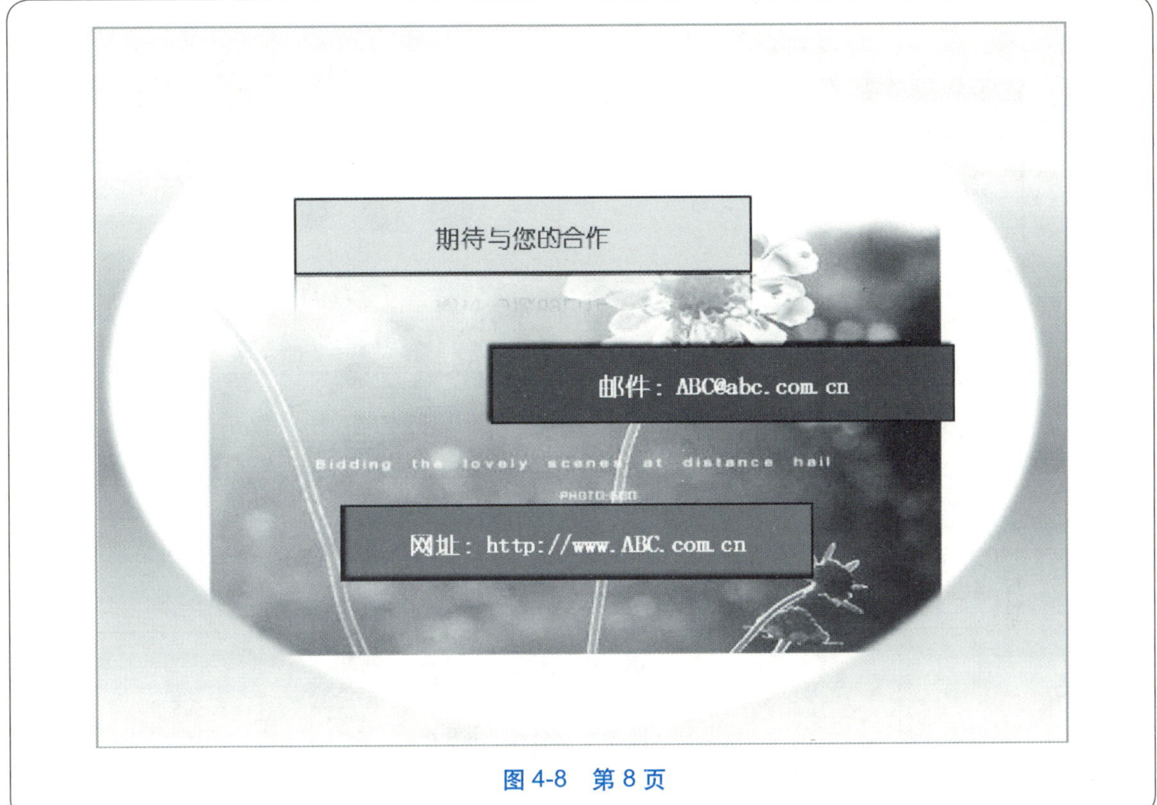

图 4-8 第 8 页

4.1.1 任务操作

步骤 1 新建演示文稿。

步骤 2 插入 8 张新的幻灯片。

步骤 3 利用母版对 8 张幻灯片自由设计背景版式。

步骤 4 按照以上作品输入各张幻灯片中的文字。

步骤 5 在第 5 张幻灯片中插入表格。选择“插入”选项卡，单击“表格”按钮，弹出“插入表格”对话框。在“插入表格”对话框中输入列数和行数，单击“确定”按钮，如图 4-9 所示。

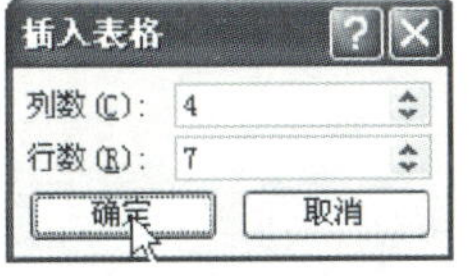

图 4-9 “插入表格”对话框

步骤 6 在第 6 张幻灯片中插入图表。选择“插入”选项卡，在“插图”选项组中单击“图表”按钮，弹出“插入图表”对话框，选择“簇状柱形图”，如图 4-10 所示。一个样本图表即出现在预留区内，图表上面叠放着一个数据表窗口，如图 4-11 所示。数据表中包含一些样本数据，图表就是根据这些数据制作的。（备注：把第 5 张幻灯片中的销售业绩表复制到数据表中，就可以生成第 6 张幻灯片中的图表。）

步骤 7 在第 7 张幻灯片中插入组织结构图。选择“插入”选项卡，在“插图”选项组

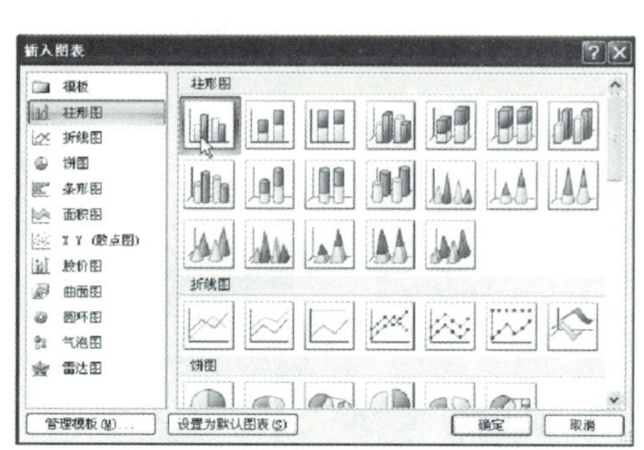

图 4-10 “插入图表”对话框

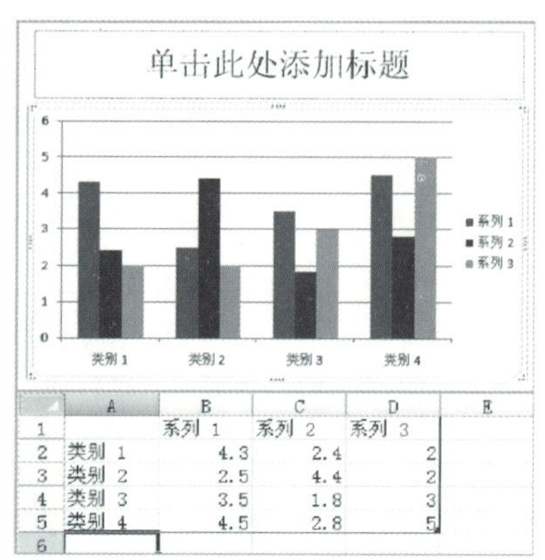

	A	B	C	D	E
1		系列 1	系列 2	系列 3	
2	类别 1	4.3	2.4	2	
3	类别 2	2.5	4.4	2	
4	类别 3	3.5	1.8	3	
5	类别 4	4.5	2.8	5	
6					

图 4-11 样本图表

中单击“SmartArt”按钮，弹出“选择 SmartArt 图形”对话框，选择“层次结构”→“组织结构图”，如图 4-12 所示。

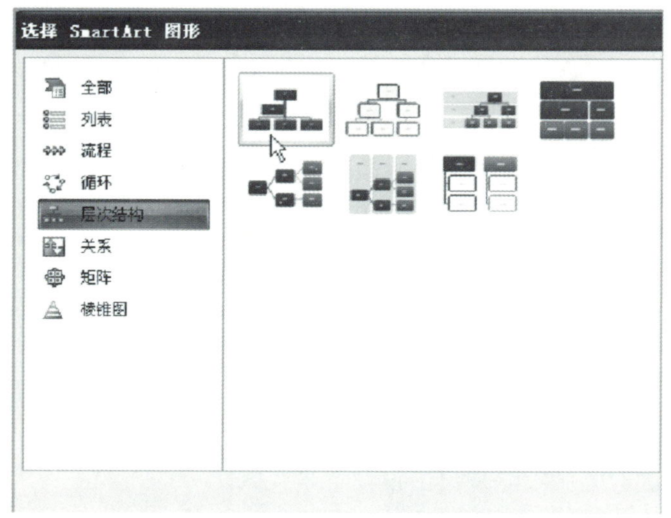

图 4-12 “选择 SmartArt 图形”对话框

图 4-13 按钮式超链接

步骤 8 参照以上作品对各张幻灯片中的文字进行排版设置。

步骤 9 对各张幻灯片进行设置按钮式超链接到第二张主幻灯片，如图 4-13 所示。

步骤 10 对各张幻灯片进行自定义动画设置。

步骤 11 设置幻灯片切换效果。

步骤 12 完成任务操作，保存文件。

4.4.2 能力评价

根据个人任务完成的情况，实行个人自评，小组成员之间互评和教师评价，评价分优、良、中、差四个等级，请教师给出提升建议和综合评价（见表 4-2）。

表 4-2 能力评价

<table>
<tr><th colspan="3">内 容</th><th colspan="3">评 价</th></tr>
<tr><th colspan="2">评价项目</th><th>评价内容</th><th>自 评</th><th>小 组 间</th><th>教 师</th></tr>
<tr><td rowspan="6">知识掌握</td><td rowspan="6">应知应会</td><td>设置演示文稿页面设置、排版</td><td></td><td></td><td></td></tr>
<tr><td>创建幻灯片母版</td><td></td><td></td><td></td></tr>
<tr><td>插入并编辑自选图形、表格和组织结构图</td><td></td><td></td><td></td></tr>
<tr><td>插入并编辑文本框</td><td></td><td></td><td></td></tr>
<tr><td>自定义动画设置</td><td></td><td></td><td></td></tr>
<tr><td>设置超链接及动作按钮</td><td></td><td></td><td></td></tr>
<tr><td rowspan="5">专业能力</td><td rowspan="4">工作质量</td><td>1．能够正确建立主文档</td><td></td><td></td><td></td></tr>
<tr><td>2．能正确建立数据源表</td><td></td><td></td><td></td></tr>
<tr><td>3．能解决邮件合并过程中出现的问题</td><td></td><td></td><td></td></tr>
<tr><td>4．能够利用邮件合并功能完成任务</td><td></td><td></td><td></td></tr>
<tr><td>工作速度</td><td>在规定时间内完成本项任务</td><td></td><td></td><td></td></tr>
<tr><td colspan="2">工作与学习态度</td><td>能积极投入到任务工作中，认真完成本项任务</td><td></td><td></td><td></td></tr>
<tr><td colspan="3">提升建议：</td><td colspan="3">综合评价：</td></tr>
</table>

综 合 实 训

综合实训 汽车市场调查演示文稿制作

使用 PowerPoint 2007 制作汽车市场调查演示文稿，共 7 页（图 4-14～图 4-20）。

实训要求如下。

1）参照以下作品，制作汽车市场调查 PPT 作品。

2）一定要使用本 PPT 中的文字，并排版。

3）在创建幻灯片母版上，制作 5 种类型的幻灯片母版。

4）PPT 中的背景、字体、版面的颜色等自由设计。

5）在处理图表时，要求加上图表标题，合理设置图例的颜色。

6）在处理声音时，要求单击前开始播放，循环播放直到退出幻灯片放映。

7）设置自定义动画效果和幻灯片切换效果。

图 4-14　第 1 页

图 4-15　第 2 页

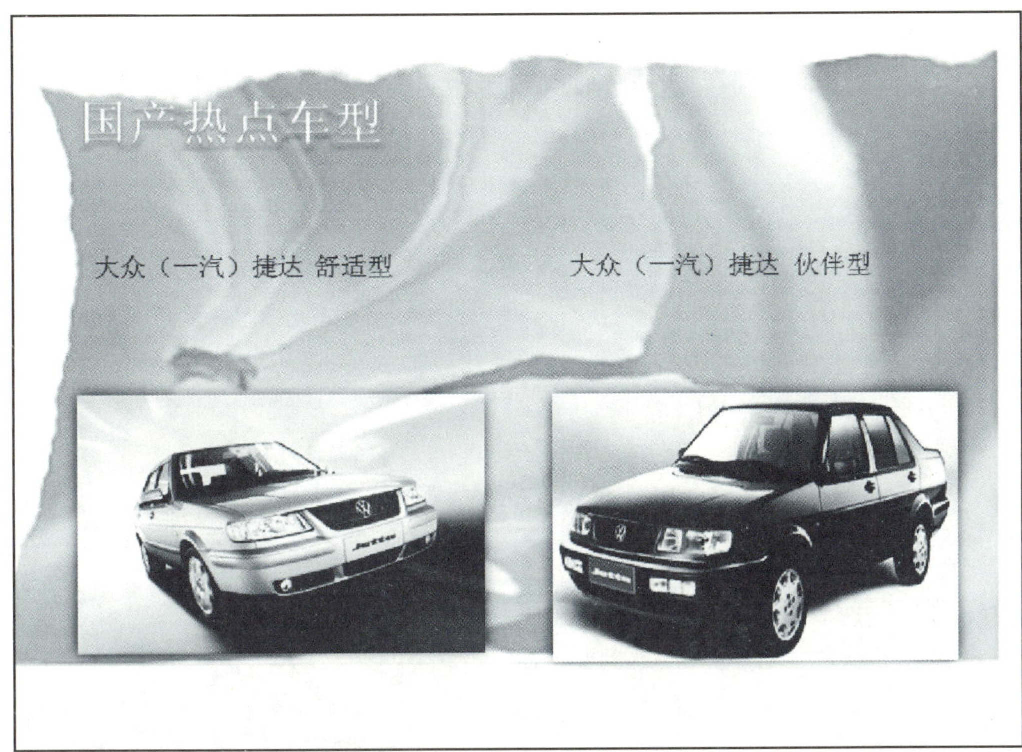

图 4-16 第 3 页

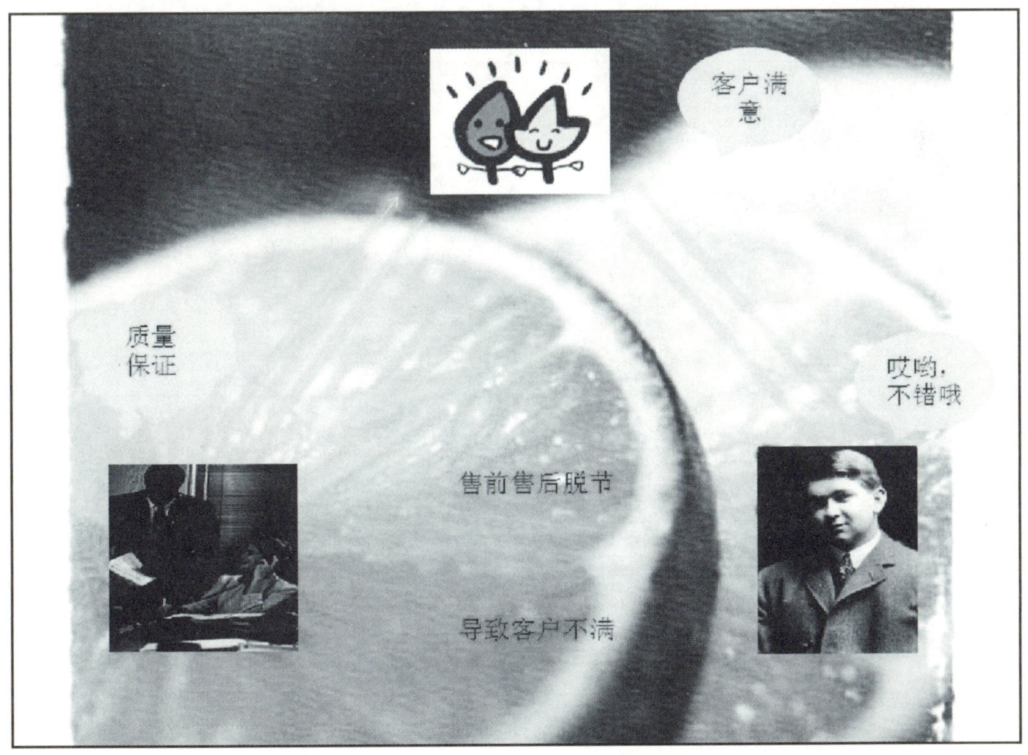

图 4-17 第 4 页

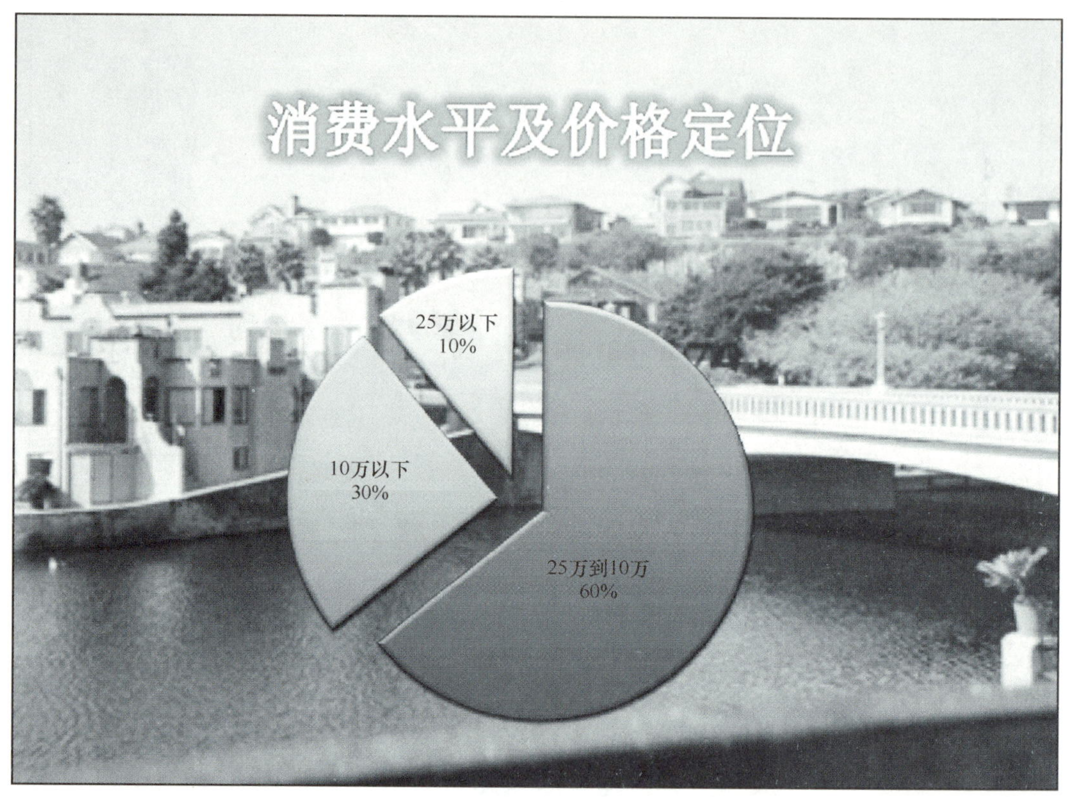

图 4-18　第 5 页

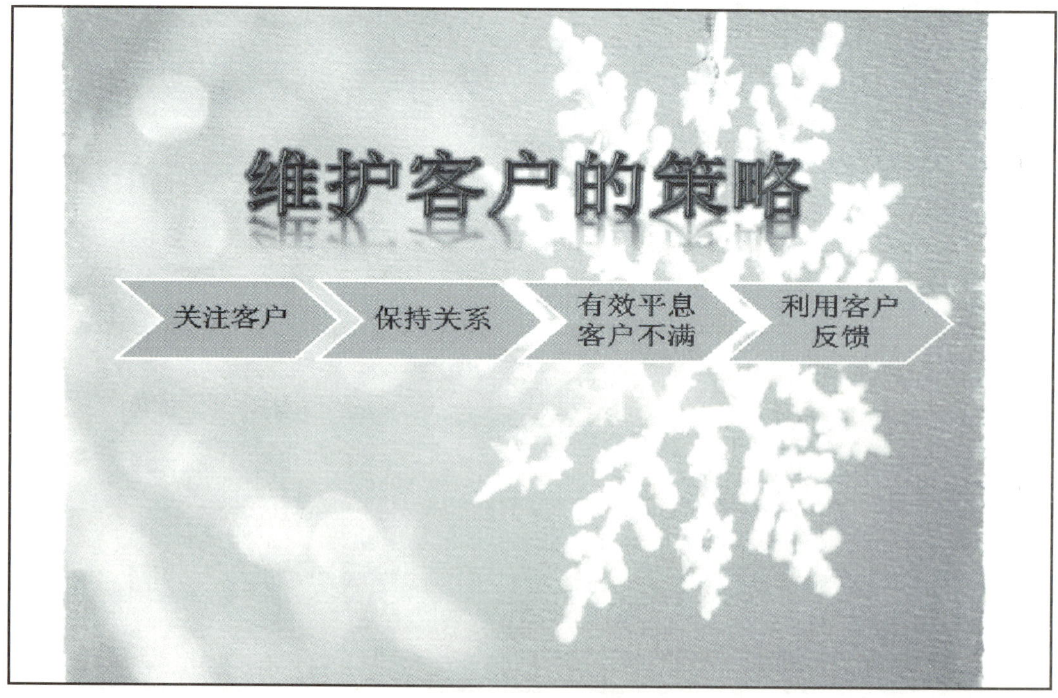

图 4-19　第 6 页

图 4-20 第 7 页

项目5 常用办公设备

项目引入

在日常办公事务中，办公人员常对文件图片等资料进行复制留档，或对文件进行批量复印分发给有关机构的人员阅读，这是办公事务中最为经常性的一项工作。为了提高该项工作的效率和质量，在现代化的办公系统中，已广泛采用复印机、打印机、传真机、扫描仪和光盘刻录机等现代办公设备。

项目目标

1. 理解常用办公设备的工作原理。
2. 熟练掌握常用办公设备的操作方法。
3. 掌握常用办公设备故障的维护方法。
4. 掌握常用办公设备耗材的更换方法。

项目说明

本项目以实际操作为主，不列操作步骤和操作说明，相关设备的操作以教师演练为辅，学生随后按任务描述中的要求完成任务，相关设备的理论知识和操作步骤请读者上网查找或看设备的使用说明书。

项目分解

本项目可分解为5个学习任务，每个学习任务的名称和课时安排如表5-1所示。

表5-1 项目分解

项目分解	学习任务名称	课时安排
任务5.1	打印机	4
任务5.2	复印机	2
任务5.3	扫描仪	2
任务5.4	传真机	2
任务5.5	刻录机	2

任务 5.1 打印机

任务描述

6 人为一组，轮流进行操作。具体要求如下。

1．打印机与计算机连接和接通电源。

2．安装喷墨 / 激光 / 针式打印机驱动，如图 5-1 ～图 5-3 所示。

3．安装网络打印机驱动，进行网络打印。

4．打印选项设置。

5．A4 纸型、A3 纸型打印。

6．单面打印、正反面打印。

7．只打印某一页、正反面打印两页。

8．暂停打印、取消打印操作。

9．打印卡纸处理。

10．针式打印机单据套打设置和打印。

11．更换打印机耗材。

（1）更换激光打印机硒鼓。

（2）更换针式打印机色带。

（3）更换喷墨打印机墨盒或添加墨水。

12．完成操作，关闭打印机电源。

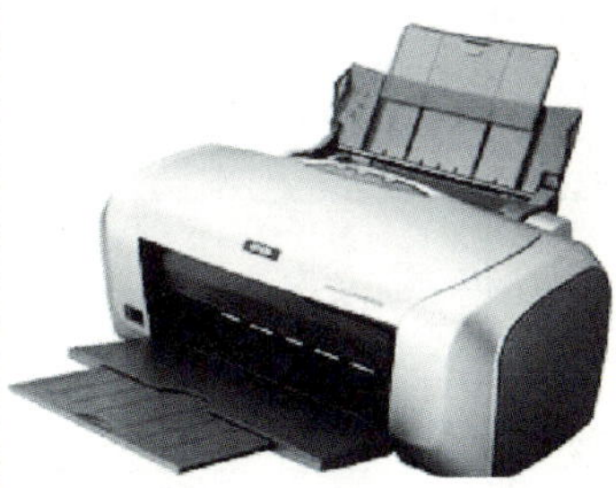

图 5-1 喷墨打印机

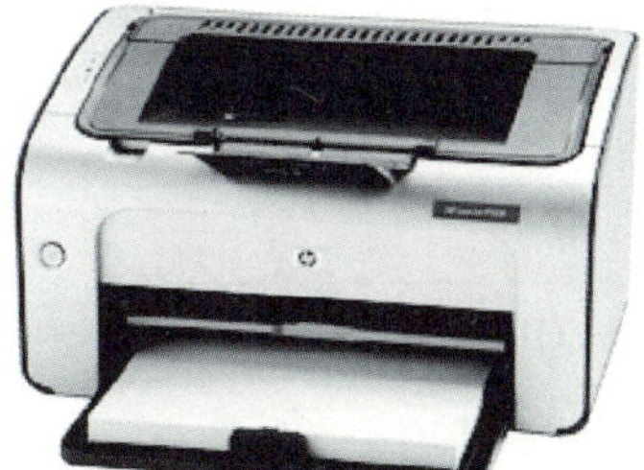

图 5-2 激光打印机

图 5-3 针式打印机

任务目标

1．掌握打印机的工作原理。

2．掌握打印机的操作步骤。

3．掌握打印机耗材的更换。

4．掌握打印机维护保养方法。

相关知识

1．打印机分类。目前市场上出售的打印机设置从原理上分主要有3种：激光打印机、喷墨打印机和激光打印机。

2．激光打印机工作原理可以简单地用一句话来描述：感光鼓从书写机构接收一幅图像，变为由电荷阵列组成的潜在图像，用墨粉对图像显影后，再将显影的图像传输到纸上，最后将纸上的墨粉颗粒进行热压熔结。打印成本低，打印速度快。

3．喷墨打印机主要由喷头和墨盒、清洁单元、小车单元、送纸单4个部分组成。喷头和墨盒是一体化的，即墨盒内包括墨水。墨盒本身是一个消耗品，因此喷墨打印机的成本较高。

4．针式打印机是一种典型的击打式点阵打印机，主要由印字机构、横移机构、走纸机构和色带构4个部分组成。针式打印机运行成本低廉，但打印速度慢，多数用于打印多层压感纸打印和存单证书打印等方面。

能力评价

根据个人任务完成的情况，实行个人自评，小组成员之间互评和教师评价，评价分优、良、中、差四个等级，请教师给出提升建议和综合评价（见表5-2）。

表5-2　能力评价

内　容			评　价		
评价项目		评价内容	自　评	小组间	教　师
知识掌握	应知应会	打印机的工作原理			
		打印机的操作步骤			
		打印机耗材的更换			
		打印机维护保养方法			
专业能力	工作质量	1．能正确使用打印机打印文件			
		2．能更换打印机耗材			
		3．能处理简单的故障			
	工作速度	在规定时间内完成本项任务			
工作与学习态度		能积极投入到任务工作中，认真完成本项任务			
提升建议：			综合评价：		

任务 5.2 复印机

任务描述

6 人为一组，轮流进行操作。具体要求如下。

1. 复印机与电源连接。
2. 复印机与计算机数据线连接。
3. 放置原稿。
4. 复印纸尺寸选择。
5. 设置复印倍率。
6. 调节复印浓度。
7. 设定复印份数。
8. 开始复印。
9. 双面复印。
10. 复印机卡纸处理。
11. 完成操作，关闭复印机电源，复印机如图 5-4 所示。

图 5-4 复印机

任务目标

1. 掌握复印机的工作原理。
2. 掌握复印机的操作步骤。
3. 掌握复印机耗材的更换。
4. 掌握复印机维护保养方法。

相关知识

1. 复印机分类。按复印机的用途分类，复印机可分为办公用复印机、工程图纸复印机、全彩色复印机、特殊用途复印机等类型。

2. 复印机的组成。机械技术、电子技术、电摄影技术和光学技术 4 个方面决定了复印机的性能、效率和质量。

能力评价

根据个人任务完成的情况，实行个人自评，小组成员之间互评和教师评价，评价分优、良、中、差四个等级，请教师给出提升建议和综合评价（见表 5-3）。

表 5-3　能力评价

内容			评价		
评价项目		评价内容	自评	小组间	教师
知识掌握	应知应会	复印机的工作原理			
		复印机的操作步骤			
		复印机耗材的更换			
		复印机维护保养方法			
专业能力	工作质量	1．正确使用复印机复印资料			
		2．能处理复印机简单故障			
	工作速度	在规定时间内完成本项任务			
工作与学习态度		能积极投入到任务工作中，认真完成本项任务			
提升建议：			综合评价：		

任务 5.3　扫描仪

任务描述

6 人为一组，轮流进行操作。具体要求如下。

1．扫描仪，如图 5-5 所示，与电源的连接。

2．扫描仪数据线与计算机连接。

3．安装扫描仪驱动程序。

4．安装光学文字识别系统。

5．放置扫描对象。

6．设置参数。

7．预览图像。

8．开始扫描。

9．启动光学文字识别系统（OCR）。

10．扫描文稿。

11．开始扫描。

12．识别文字。

13．保存为文本文件。

图 5-5　扫描仪

任务目标

1．掌握扫描仪的工作原理。

2．掌握扫描仪的操作步骤。

3．掌握光学文字识别系统操作步骤。

相关知识

1．扫描仪是一种捕获图像并将之转换为计算机可以显示、编辑、储存和输出的数字化输入设备。这里所说的图像是指照片、文本、页面、图画和图例等，甚至硬币或纺织品等三维对象也可以作为扫描图像。

2．扫描仪的种类。按所支持颜色的分类可分为单色扫描仪和彩色扫描仪；按扫描仪的宽度和操作方式分类可分为大型扫描仪、台式扫描仪和手持式扫描仪。

3．光学文字识别系统（OCR）就是通过扫描仪对文字稿件进行扫描后，利用计算机识别系统对图像信息进行识别并转化成文字信息的计算机软件。如果原稿印刷质量较好，识别率高达95%以上。

能力评价

根据个人任务完成的情况，实行个人自评，小组成员之间互评和教师评价，评价分优、良、中、差四个等级，请教师给出提升建议和综合评价（见表5-4）。

表5-4　能力评价

内　容			评价		
评价项目		评价内容	自　评	小 组 间	教　师
知识掌握	应知应会	扫描仪的工作原理			
		扫描仪的操作步骤			
		光学文字识别系统的操作步骤			
专业能力	工作质量	1．能正确使用扫描仪扫描资料			
		2．利用OCR软件扫描并转化为文本文件			
	工作速度	1．在规定时间内完成本项任务			
		2．提前完成或推迟完成			
工作与学习态度		能积极投入到任务工作中，认真完成本项任务			
提升建议：			综合评价：		

任务 5.4　传真机

■ 任务描述

6人为一组，轮流进行操作。具体要求如下：

1. 接通电源，插好电话线，传真机如图 5-6 所示。

图 5-6　传真机

2. 发送操作。

（1）开机后，安装好稿件。

（2）根据发送文件的图像深浅及对图像清晰度的要求，调整清晰度和对比度。

（3）给接收方打电话。

3. 接收操作。接收操作可分为自动接收和手动接收两种。

（1）若传真机处在自动接收状态下，传真机会自动处理和应答传真通信过程中的所有过程，而不需要操作人员介入。

（2）若传真机处于手动接收状态，就要操作员进行手动接收。当有电话接入时，听到传真信号或被告之对方要发传真后，按下“开始（START）”键，机器则进入接收状态，开始接收文稿。

（3）在收发过程中有必要中断传真机时，任何一方都可按“停止（STOP）”键。

■ 任务目标

1. 掌握传真机的工作原理。

2. 掌握传真机的操作步骤。

相关知识

传真机是进行日常文字图像资料传送的设备，是目前用途最广、用量最大的办公设备，广泛应用于各行各业。

能力评价

根据个人任务完成的情况，实行个人自评，小组成员之间互评和教师评价，评价分优、良、中、差四个等级，请教师给出提升建议和综合评价（见表 5-5）。

表 5-5 能力评价

<table>
<tr><th colspan="3">内 容</th><th colspan="3">评 价</th></tr>
<tr><th colspan="2">评价项目</th><th>评价内容</th><th>自 评</th><th>小 组 间</th><th>教 师</th></tr>
<tr><td rowspan="2">知识掌握</td><td rowspan="2">应知应会</td><td>传真机的工作原理</td><td></td><td></td><td></td></tr>
<tr><td>传真机的操作步骤</td><td></td><td></td><td></td></tr>
<tr><td rowspan="3">专业能力</td><td rowspan="2">工作质量</td><td>1．能正确的收发传真资料</td><td></td><td></td><td></td></tr>
<tr><td>2．能正确设置和更换传真机耗材</td><td></td><td></td><td></td></tr>
<tr><td>工作速度</td><td>能积极投入到任务工作中，认真完成本项任务</td><td></td><td></td><td></td></tr>
<tr><td colspan="2">工作与学习态度</td><td>能积极投入到任务工作中，认真完成本项任务</td><td></td><td></td><td></td></tr>
<tr><td colspan="3">提升建议：</td><td colspan="3">综合评价：</td></tr>
</table>

任务 5.5 刻录机

任务描述

6人为一组，轮流进行操作。具体要求如下。

1．安装刻录软件。

2．打开刻录程序。

3．选择刻录方式。

4．选择刻录速度。

5．添加需要刻录的文件。

6．开始刻录。

7．刻录完毕。

8．继续添加需要刻录的文件，进行刻录，刻录机如图 5-7 所示。

图 5-7 刻录机

任务目标

1．掌握刻录机的工作原理。

2．掌握刻录机的操作步骤。

相关知识

1．光盘刻录机的工作原理。将刻录机的写激光聚集后，通过 CD-R 空白盘的聚碳酸酯层照射到有机染料的表面上，利用激光照射时产生的不同温度将有机染料烧熔，使其变成光痕，从而形成一串 1 或 1 数据。

2．刻录光盘时的注意事项。开始刻录光盘之前应关闭任何运行在计算机中的应用软件。刻录时，不要触及键盘的任何键，以免导致盘片报废。

能力评价

根据个人任务完成的情况，实行个人自评，小组成员之间互评和教师评价，评价分优、良、中、差四个等级，请教师给出提升建议和综合评价（见表5-6）。

表5-6 能力评价

内容			评价		
评价项目		评价内容	自评	小组间	教师
知识掌握	应知应会	刻录机的工作原理			
		刻录机的操作步骤			
专业能力	工作质量	能正确使用刻录机刻录资料			
	工作速度	能积极投入到任务工作中，认真完成本项任务			
工作与学习态度		能积极投入到任务工作中，认真完成本项任务			
提升建议：			综合评价：		

参 考 文 献

恒盛杰资讯．2008．Office 在商务办公中的应用．北京：中国青年出版社．

起点文化．2010．文秘与行政必须知道的 580 个 Office 技巧．北京：电子工业出版社．

张学勇．2010．计算机应用基础（项目式教程）．北京：机械工业出版社．

赵辉，彭宗勤．2009．Office 文秘与行政办公案例金典．北京：电子工业出版社．

附录　录入训练文稿

1）打字速度要达到 60 字 / 分钟是作为文员的基本要求之一。

2）平时上课可以不定期地进行打字测验，用金山打字通对录入文字的评分标准如下。

20—30 字 / 分钟　60 分

30—40 字 / 分钟　70 分

40—50 字 / 分钟　80 分

50—60 字 / 分钟　90 分

60 字 / 分钟以上　100 分

3）在平时上课中，完成本节课所有任务后，有时间就录入以下文稿，并保存。

从研究部门提供的报告及国外的报道看，通过接收计算机外泄的微弱电磁波获取并显示一台微型计算机荧光屏上的图像并不是一个十分复杂的技术。1985 年，在法国召开的一次国际计算机安全会议上，年轻的荷兰人范 · 艾克当着各国代表的面，公开了他窃取微型计算机信息的技术。他用价值仅几百美元的器件对普通电视机进行改造，然后安装在汽车里，这样就从楼下的街道上接收到了放置在 8 楼上的计算机电磁波的信息，并显示出计算机屏幕上显示的图像。他的演示给与会的各国代表以巨大的震动。据报道，目前在距离微型计算机百米乃至千米的地方都可以收到并还原微型计算机屏幕上显示的图像。

现代窃密与反窃密斗争已发展成为高技术条件下的激烈对抗，尤其是以计算机为代表的电子信息技术设备产生的（电磁）信息泄漏而带来的泄密隐患给国家信息安全带来的危害和威胁也越来越严重，因此备受世界各国的关注。在国外有实验表明，银行计算机显示的密码指令在马路上就能轻易地被截获。通常窃视这种微弱电磁辐射的方法是用定向天线对准作为窃视目标的微型计算机所在的方向搜索信号，然后依靠特殊的办法消除无用信号，将所需的图像信号放大，这样微型计算机荧屏上的图像即可原原本本地重现了。

西方国家把广泛使用计算机的社会称为“脆弱的社会”。电磁泄密威胁国家如计算机显示从技术手段上，一是使用低辐射计算机设备，以确保秘密信息的安全，这是防止计算机辐射泄密的根本措施。这些设备在设计和生产时，已对可能产生信息辐射的元器件、集成电路、连接线 CRT 等采取了防辐射措施，把设备的信息辐射抑制到最低限度。二是对计算机屏蔽。根据辐射量的大小和客观环境，对计算机机房或主机内部件加工屏蔽，检测合格后再开机工作。将计算机和辅助设备用金属屏蔽笼（“法拉第笼”）封闭起来，并将全局屏蔽笼接地，能有效地防止计算机和辅助设备的电磁波辐射。更进一步，可将机房或整个办公大楼都屏蔽起来，如没有条件建屏蔽机房，可以使用干扰器发射干扰信号，使接收者无法正常接收有用信号。三是对计算机信息辐射干扰。根据电子对抗原理，采用一定技术措施，利用干扰器产生噪声与计算机设备产生的信息辐射一起向外辐射。对计算机的辐射信号进行干扰，增加接收还原解读的难度，保护计算机辐射的秘密信息。不具备上述条件的，也可将处理重要信息的计算机放在中间，四周放置处理一般信息的计算机。这种方法可降低辐射信息被接收还原的可能性。计算机保密防范必须以法律法规为依据。目前我国已有《保密法》、《计算机信息系统安全保护条例》和《计算机信息网络国际联网管理暂时行规定》。应按照规定和要求，做好计算机的保密防范工作，不得利用计算机从事危害国家安全、泄露国家秘密的违法犯罪活动。

保尔·柯察金在《钢铁是怎样炼成的》一书中曾说过“一个人的生命应当这样度过：当他回首往事的时候不会因虚度年华而悔恨，也不会因碌碌无为而羞愧！”在素质教育基地的一个星期中，我学会了许多生活技巧，但最主要的是我明白了我自己的使命，也懂得了百炼成钢的道理。

12 月 10 日素质教育基地之征程第 1 天

伴随着 2007 年的第一场雪，伴随着迎面而来的寒风，为期一周的素质教育基地之旅拉开了帷幕。清晨 9 点，告别了自己的爸爸妈妈，踏上了充满乐趣与艰辛的征程。一路上同学们虽然有说有笑，但窗外白皑皑的雪好似把我的心情凝固了一般，感觉一切是那么的沉重。半个小时的车程，我们到达了目的地。熟悉的教学楼，熟悉的一草一木，但我却感觉自己是那样的陌生，这里曾留下过我美好的回忆。依稀记得 5 年级的我还在和玩伴们一起嬉笑打闹，无忧无虑地奔跑在这教学楼前，但如今却已成为了一名初中生了，肩上的担子也愈加沉重。学习的压力、旧时的回忆一齐涌上心头，不禁有一丝酸楚。

紧张的生活开始了，匆匆地吃了第一顿“接风”的午餐后，开始了第一天的学习。“汽车与生活”。第一节课与生活息息相关，随着社会的发展和经济的不断提高，各种各样的汽车也日益增多。汽车给我们带来的是极大的便捷，但随之而来的就是车祸。车祸使多少无辜的人命丧飞驰的车轮之下，又使多少家庭家破人亡，妻离子散。但我相信这并不是汽车的错误，如果每位司机都能够遵守交通规则，不贪图小利，那么车祸的发生几率一定会大大降低，这岂不是一举两得。每个人的生命仅有一次。生命也许是一生，也许只是那短暂的路程。生命中饱含了生活的精彩；生命中刻画了一生的旅程……生命是可贵的。无时无刻不珍视我们的生命，让我们心中燃起生命的火焰。这就是生命的可贵所在。

黑暗夺走了最后一缕阳光，太阳也匆匆落下山去，又是紧紧张张地吃过晚饭后，第一天的班会开始了。在孔老师的指导下，我想我们一定会成为坚强无比的战士。听着同学们的一篇篇散文，心中赞美的不仅是那优美的文笔，更多的还是那高昂的斗志。胸中的烈火又一次燃起，我们也将在这一次次烈火的锻炼下成为一个真正的王者。

简单的洗漱后，我将要面临的注定是一个不眠之夜，我唯一能做的只是静静地躺在床上，想一些子虚乌有也许根本不存在的东西。漫漫长夜，天空中若隐若现的星星和那浩瀚的天际构成了一幅绝美的画卷，我也不清楚自己究竟是怎样度过的，总之我的素质教育基地之旅的第一天圆满告一段落。

12 月 11 日素质教育基地之征程第 2 天

天刚蒙蒙亮，宿舍中的另外 7 位同学都不约而同地从睡梦中醒来。抬头望了望窗外灰蒙蒙的天，新的一天又开始了。清晨 6 点 30 分，准时在教学楼前整装待发，我看着一夜没见一个个睡意朦胧的同学们，心头不知怎的涌上了一丝亲切之感。早操结束后，有规律地重复着昨天的内容。第一节课是“插花”。这也许是我认为最无聊的一节课了，也许是昨晚一夜没睡的缘故，整整一个上午没精打采，昏昏欲睡。

本应在星期一的篮球赛由于下雪的缘故推迟到星期二。素质教育基地的篮球场虽然经过老师和同学们长达一个多小时的清扫，但依然泥水交加，比赛进行地极为困难。尽管如此，无论赛场上的球员还是台下的观众都拼尽了自己的全力。在 9 班的共同努力下，终于战胜了 5 班，取得了晋级的资格。比赛中两班同学都遵循“友谊第一，比赛第二”的原则，在充分展现 40 中学优良行为品德的同时大展身手，为班级争得荣誉。

紧张精彩的篮球赛过后，又要继续学习接下来的课程了。下午的烹饪课需要亲自下厨做一桌美味可口的菜肴，看似简单但要真正操作起来还真是挺困难的。在家中过惯了“衣来伸手，饭来张口”生活的我们，对做饭还真是一窍不通。但最终还是在老师的指导和同学们的齐心协力下完成了任务——八菜一汤，吃着自己做的菜，虽然味道没有父母做的那样好吃，但自食其力的感觉真的是无以言表。通过这节烹饪课，我学会的不仅仅是烹饪的技巧，更主要的是明白了父母的辛苦，在这里对爸爸妈妈说一声：“谢谢”。好的学习成绩的保证就是好的学习方法，有了适合自己的方法，也就等于把握住了胜利。今天班会的主题就是寻找适合自己的学习习惯与方法，从而由苦学到会学最后到好学。通过几位同学的演讲，我听取了许多适合别人的方法，但我明白这些方法不一定适合自己，所以还需要在实践中逐步找到一个适合自己的学习方法。“取人之长，补己之短”，只有知道学习他人的人才是真正的强者。

12 月 12 日素质教育基地之征程第 3 天

1936 年的今天，国民政府东北军将领张学良和十七路军将领杨虎城在西安发动“兵谏”，扣押了蒋介石，并通电全国，要求停止内战，联共抗日。这就是震惊中外的西安事变。无数革命先辈用鲜血铸就了我们今日的幸福，作为 21 世纪的中学生我们更应铭记历史，努力学习，为祖国的建设与发展贡献出一份力。

“生命是宝贵的，生命属于我们只有一次”，每当灾难悄悄来临时你或许全然不知，确实天灾是不可避免的，但我们却能够通过自己的努力使其造成的损失降到最少，从而为进一步的营救奠定良好的基础。这就需要我们具备一定的现场急救能力，通过“现场急救”这节活动课，我们不仅了解了人的一些正常的生命体重和应急方案，还感受到了时间的可贵。1 分钟的延误，或许就是生与死的差别：同样的 1 分钟内，也许你能挽救一个濒临死亡的人的生命，反之，也有可能眼睁睁地看着亲人或朋友的生命被死亡所吞噬。一切的一切全在你的一念之间，要记住：镇定、冷静永远都是制胜的法宝。

一上午的时间过得飞快，好似转眼即逝一般地又迎来了一个阳光明媚的下午。一杯看似普通的酸奶，想不到制作过程却是如此的复杂。“又是一节动手操作课，内容大概是亲自制作一杯酸奶”……听着同学们得来的小道消息，心中不禁暗暗自喜。要知道，这个素质教育基地伙食可不是一般的差，能喝上一杯酸甜可口的酸奶，也真是上辈子修来的福分了。抱着极高的兴趣和美好的愿望，我开始自己琢磨着制作酸奶了，听着老师告诉我们的那一个个严格的比例数据，还真的有些感慨这制作工艺的复杂与烦琐。经过紧张忙碌的3个小时的工作，终于把做好的酸奶放入了消毒柜。想到明天就能喝到自己制作的酸奶，心中不由得生起了一丝骄傲与自豪。

由于今天是西安事变71周年，学校组织在晚上观看电影。在宽阔的食堂中，坐满了学生，一排排一列列都极为整齐，慢慢地灯光消失了，电影也拉开了序幕。原来今天播放的电影是《夜袭》，虽然在家中早就看过，但依然被影片中八路军战士们的豪情壮志所感动。“铁蛋”、“机窝”、“钢鸟”……这一连串从八路军战士嘴里迸出来的词儿，真实地反映了一个时代：一个复杂而又单纯、无情而又有义的时代。穿梭的子弹撂倒了一个战士，又击中了另一个；铮然的刺刀刺出，又带着殷红的鲜血拔回；遍野的死尸或全、或残，总是每一场较量的结局。亘古的土地难道必然要用自己养育着的人民的鲜血浇灌么？落叶归根又何必如此凄惨和突然！滚滚的浓烟把影片带到了最后，日本帝国主义的军官望着横尸遍地，一片狼藉的机场，眼中流露出了无限的绝望，或许他明白了，日本的侵略终归要走向失败。躺在宿舍的床上，影片中一幕幕感人至深的镜头仍一次次浮现在脑海，令我久久不能忘怀……

12月13日素质教育基地之征程第4天

还有一天的时间就要回家了，见到亲爱的爸爸妈妈还有那温暖舒适的床。说实话，来到素质教育基地的这3天里，还真的没有踏踏实实地睡过一次。不过，俗话说：“吃得苦中苦，方得人上人”。通过这次磨炼，我相信我一定会成长许多，变得更加的成熟稳重。

火，给人类带来文明进步、光明和温暖。但是，失去控制的火就会给人类造成灾难。所以说人类使用火的历史与同火灾作斗争的历史是相伴相生的，人们在用火的同时，不断总结火灾发生的规律，尽可能地减少火灾及其对人类造成的危害。对于火灾，在我国古代，人们就总结出“防为上，救次之，戒为下”的经验。随着社会的不断发展，在社会财富日益增多的同时，导致发生火灾的危险性也在增多，火灾的危害性也越来越大。所以我们要做好预防火灾的各项工作，防止发生火灾，但是火灾绝对不发生是不可能的，而一旦发生火灾，就应当及时、有效地进行扑救，减少火灾的危害。消防课上让我开阔了眼界，拓展了知识的积累，初步明白了当火灾来临时，应如何灭火和自保。

蔚蓝的高空属于王者，而这空中的王者——飞机则是无数人的最爱。下午的航模课，看着同学们一个个兴致勃勃的样子，我也投身于航模制作当中，虽然中途出了一系列的问题，但最终还是通过不懈的努力完成了属于自己的航模。

轻巧的木质飞机载着我们的希望，在空中划出了一道美丽的弧线。望着在天上自由翱翔的飞机，它是那样的无拘无束，正如童年时的我们一般。但在这自由的背后，仿佛又有另一种力量在推动着他的前进，那也许就是对成功的渴望；也许是对美好生活的憧憬；但我想更多的应该是那必胜的信念吧！

“我们的王国”，这是今天班会的主题。虽然王国是属于大家的，但国王只有一个，每个人都应向着国王的目标去努力，去奋斗，从而在竞争中相互促进，相互提高。但当敌人兵临城下的时候，我们则不再是竞争对手，而是一起出生入死的同伴。

说到这里不禁使我联想到前不久看过的影片《三百斯巴达勇士》，三百位身经百战的斯巴达勇士在国王的带领下挡住了数十万希腊人的进攻，他们为什么会成功？答案只有一个，那就是团结一致的精神。国王说出他们的战斗技巧“每个人的安全都是靠他左边的人保护，同样他也会保护自己右边的同伴，这样一个接一个，共同构成了一个无坚不摧，不可战胜的整体”。要知道，把自己的生命安全交给另外的一个人去保护，这需要多么大的勇气和对他人的信赖。斯巴达人能够做到，我相信我们9班一定也能做到！

班会的第二阶段，老师让同学们之间公开道歉。许多同学泪流满面，哭着原谅了对方，然后紧紧地抱在一起，两颗真挚的心相互碰撞激起了友谊的火花。同在一个屋檐下，同在一个班集体中，同学们之间不可避免地有一些小摩擦，“忍一时风平浪静，退一步海阔天空”这个道理我相信大家一定都清楚也都明白。通过这次班会，我相信我们共同的“王国”未来一定会更加的和谐，更加的强大，因为我们知道我们是一个整体，一个不可分割的整体！

12月14日素质教育基地之征程第5天

一周的时间过去了，今天就要回家了，但心却不知怎的突然沉了下来，突然对这个我埋怨了一周的“鬼地方”产生了一丝留恋。这种感受是那样的熟悉，2年前的这个时候，我也是含着泪告别了素质教育基地，告别了与我朝夕相处5天的教官。但这一次，我没有哭，因为我长大了，世间万物没有一样能够永远陪伴我们一生，这只是一次磨炼，一次能使废铁变成精钢，懦夫变成勇士的磨炼。

最后一节课“蔬菜中农药残留的研究”虽然老师讲课漏洞百出，但同学们依然听得津津有味。3个半小时的时间过地是那样的飞快，伴随着清脆的铃声，我们素质教育基地之旅的最后一节课也结束了。中午，吃着和前些天同样被我抱怨的午餐，但这时却是那样的美味，其中饱含我们对基地深深的眷恋，一切都结束了……

午饭过后，我最后一次走进我的宿舍，最后一次抚摸了我那硬硬的木板床，我没有犹豫，我毅然决然地拿起提包走出了宿舍，因为我知道我收获的比我失去的更多，更多。

下午一点多时，食堂门口各班排起了条条长队。最后一次环视基地，百感交集，心头的热浪冲湿了眼眶。再见了，素质教育基地。再见了，陪伴了我们5天的教官。再见了，我那简陋却充满欢乐的宿舍！素质教育基地，或许我们永远也不可能再次相见，但在这里度过的每一个日夜我都会永远铭记心头。我会永远记住这里曾留下过我小学的回忆，但在两年后的今天又一次留下了初中时代的回忆。你记载了我太多太多的过去，我不会忘记……

征程结束了，我想我真的长大了，在这次活动中，我懂得了太多也收获了太多。平凡，是生命的素质。没有人一生下来就是星光璀璨，即使以后的生命里取得了很大的成就，如果他自命不凡也不会拥有完整的真实生命。伟大，来自于平凡，万丈高楼起于平地，没有平时的积累，没有脚踏实地、点点滴滴的努力，不可能一下子成功。努力吧，不要为现在的平凡而自卑，要知道总有一天你一定会成功！

随着现代教育思想的提高，课堂教学已由原来传统教学模式逐步向传统教学和现代教学相结合的模式发展。而现代教学模式则要求既能准确、迅速地传输教学信息，又能及时反馈调节，从而实现教学过程的整体优化。这就是多媒体技术。正是由于多媒体技术迅速推广，教育教学改革也就进入了一个新的时期，在课堂教学中应用多媒体技术已经成为职业教育教学改革的趋势。自 20 世纪 90 年代以来，多媒体技术迅速兴起、蓬勃发展。尤其是多媒体技术是运用计算机对文本、图形、图像、动画和声音多种媒体信息进行综合处理与控制，使之变成图、文、声三位一体的集成，并可直接输出的技术，所以能提供最理想的教学环境，因而对教育、教学过程产生深刻的影响。多媒体技术之所以对教育领域具有重大的意义，是由于多媒体技术本身具有许多对于教育、教学过程来说特别宝贵的特性与功能，这些特性与功能是其他媒体（如幻灯、投影、电影、录音、录像、电视等）所不具备或是不完全具备的，同时多媒体技术对信息进行加工处理，显示与重放；模拟、仿真与动画技术的应用可以使一些在普通条件下无法实现或无法观察到的过程生动、形象地显示出来，可以大大增强学生对抽象事物、过程的理解和感受。要明确的是这里所说的多媒体技术是以计算机为中心的多媒体技术，而不是以前提到过多媒体组合教学。以前所谓的多媒体技术只是将几种媒体加以简单的组合（如把幻灯、录音、录像加以组合）。今天的多媒体技术则是以计算机为中心，把语音处理技术、图像处理技术、视听技术都集成在一起，而且把语音信号、图像信号先通过模数转换变成统一的数字信号，计算机可以很方便地对它们进行存储、加工、控制、编辑、变换，还可以查询、检索。所以利用多媒体技术作为辅助教学手段，以其软件多方位、立体化的开发和利用，以及储存信息量大、画面丰富、多种媒体综合运用等特点，在教学过程中为学生建立了一个动态教学环境，开阔学生的视野，丰富学生的想象力，调动学生的学习兴趣，从而大大提高课堂教学效率。利用多媒体教学已经被大多数老师认可，并在教学中频频使用。

相对于在职业教育教学当中，多媒体技术的应用非常广泛。这是由于职业教育当中不少专业科目需要有直观的认识和学习，而用传统的教学手段——粉笔、黑板、挂图、标本、仪器等，学生只能看到表象，而看不到实质，这就对学生接受知识产生了阻碍作用。例如，《机械制图》这门课程的主要特点是利用视图及表达方法来表现各种零件及部件的形体结构及有关国家标准的介绍，同时它所研究的对象是具体的三维立体，包括各种基本几何体、组合体、零件、装配体。而这些知识的学习只靠教师的讲解是不够的，需要有图和实物来进行说明。

因此，教师为了能达到较好的教学效果，要在课堂中绘制各种模型的视图。而画图过程要占用课堂许多时间，但要减少绘图，势必会影响教学效果。这样在 45 分钟的课堂教学过程中，往往讲不了多少知识，教师也付出了许多体力。同时，由于黑板的限制，教师要完成本节课的教学内容，要不断更新板书。但在课堂小结时，却无法把本节课所讲内容再现出来。此外，教师在绘图的过程中无法同时和学生进行交流，很不利于组织教学。对一些立体结构，在传统教学中，教师一般采用各种木制教具来做现场演示。而这种模式有很多局限性：教材是不断变化的，木制模型往往与教材相脱节，而且可供选用的模型有限，教师不能根据实际情况灵活选用教具，不利于学生全面了解空间型体的结构；另外木制教具的体积较小且造型单一，在教室中演示时，只有部分学生能观察清楚；讲解时可选造型有限，对于大型的零件与装配体，教师不可能在课堂上进行演示，即使在车间中参观实物也不可能随意进行反转、拆卸、剖切使学生观察内部结构及装配关系。但是利用了电子三维立体模型来进行课堂演示，木制教具与课堂教学的矛盾就可迎刃而解。

利用计算机多媒体技术可以通过各种手段和特技加工制作出教材中的各种三维立体模型在课堂教学中演示，因为电子三维立体的真实感完全与现实中的零件一样，教师可根据实际教学需要对其点、线、面、体等不同要素设置不同的颜色来加强对所讲内容的表达；另外，教师在AutoCAD、3DMAX环境中可以随意旋转、剖切、拆卸、放大电子三维立体，有利于加深学生对各种立体、零件、装配体空间结构及组成的理解；最后，教师可根据实际情况随意改变对模型的观察视口，并把该视口与视图建立联系。这样在教学中可用生动的画面形象直观地表述现实中的各种零件及装配体，调动学生的空间想象力。使抽象空间立体投影与平面图形在学生的头脑中形成清晰的印象，从而使学生建立起良好的感性认识。

龙是非常神奇的动物。龙是中华民族的象征。数千年来，龙的影响延伸到中国文化的多个领域，深深融入中国人的生活之中。龙起源于中国原始社会的新石器时代。目前，我国内蒙古、河南、山西、辽宁、陕西、甘肃等地原始社会晚期遗址中曾出土一些与龙有关的文物，如龙纹彩陶罐、彩绘龙纹陶盘等。不过，当时龙的形象同秦汉以后龙的形象相距甚远：有的身躯粗壮，长吻平鼻，有如猪形；有的昂首弓背，眼眶和鼻端向上突起，取象于鳄；有的身躯弯曲细长，无足无爪，近似蛇形。在龙的发展历程中，这些龙属于“前龙”阶段，也就是说龙的形象正处于起源时期。不同地区之间，甚至同一地区内龙的形象都有较大差异。距今3000多年的商代，龙的形象得到初步规范。甲骨文中的“龙”字形象地描 绘了人们观念中龙的形象，而青铜器、玉器上的龙纹也同甲骨文中的“龙”字相似。像安徽阜南出土的一件商代盛酒器“龙虎铜尊”上，龙的形象已不同于自然界中任何一种动物，而是从鸟兽鱼虫各类动物中选择某一部分重新组合，融成一个有机整体。当时，龙的形象主要包括头、冠饰、角、目、耳、鼻、嘴、眉、足、鳞（羽毛）、尾和躯体等部分。我们称之为“真龙”。

通过龙的形象的变化，我们去追寻龙起源的原因，可以看出重要的一点，即龙的起源与农业生产有关。中国是世界重要的农业起源地之一。早在10000年前，中国就有了原始农业。湖南道县玉蟾岩曾出土有距今10000年的稻粒。大家知道，水是农业的命脉。原始农业时期没有灌溉工程，必须依赖雨水，更怕河水泛滥，于是我们的先民渴望有一种控制水的能力。但当时，他们实在难以具有这种能力，便将希望寄托于他们所创造的“龙”这种神话形象上。前龙阶段的蛇、鳄、蜥蜴等爬行动物均与水有关，甚至有的就生活在水中。在陆地生活的人看到能潜于水中的鳄、快速在水中游动的水蛇、无脚而能自由运动的蛇，无不产生神秘感，由神秘而敬畏，而神化。进入真龙时期，人们干脆给龙在水中安了家。人们让龙生活在水中，为的是使其统领水域，以便农业上需要水时，敬请龙王兴云降雨。在先民的心目中，龙既然是神物，当然也就在观念上将龙同祥瑞联系到一起了。人们用龙比喻美好的事与物，龙的形象深入到社会生活的方方面面。在各种艺术作品中，在语言文字中，在各类物品上，都不乏龙的形象。